TRABALHO POÉTICO
CARLOS DE OLIVEIRA

TRABALHO POÉTICO
CARLOS DE OLIVEIRA

Organização Ida Alves

oficina
raquel

© Oficina Raquel, 2021
© Instituto do Livro Português, 2021

EDITORA
Raquel Menezes e Jorge Marques

ASSISTENTE EDITORIAL
Mario Felix

REVISÃO
Aline Erthal

CAPA E DIAGRAMAÇÃO
Daniella Riet

IMAGEM DA CAPA
Renato Roque

COORDENAÇÃO DO PROJETO DE EDIÇÃO
Ida Alves (UFF, CNPq / FAPERJ / PPLB-RGPL)

EQUIPE ASSISTENTE
Aline Erthal, Aderaldo Barbosa, Julio Cattapan, Marleide Anchieta e Tamy Macedo (PPG Estudos de Literatura – UFF)

SELEÇÃO DOS POEMAS
Ida Alves (UFF), Leonardo Gandolfi (UNIFESP), Luis Maffei (UFF), Osvaldo Silvestre (Universidade de Coimbra) e Rosa Maria Martelo (Universidade do Porto)

Dados Internacionais de Catalogação na Publicação (CIP)

O48t Oliveira, Carlos de, 1921-1981
    Trabalho poético / Carlos de Oliveira ; organização Ida Alves. – Rio de Janeiro : Oficina Raquel, 2021.
    192 p. ; 21 cm.
    ISBN 978-65-86280-73-9
    1. Poesia portuguesa I. Alves, Ida II. Título
                            CDD P869.1
                            CDU 821.134.3-1
Bibliotecária: Ana Paula Oliveira Jacques / CRB-7 6963

---

www.oficinaraquel.com.br

apoio:

REPÚBLICA PORTUGUESA
CULTURA
DIREÇÃO-GERAL DO LIVRO, DOS ARQUIVOS E DAS BIBLIOTECAS

Sumário

Por que ler Carlos de Oliveira?	7
Convite ao povoamento	10
De *O aprendiz de feiticeiro*	18
De *Pastoral*	35
De *Entre Duas Memórias*	44
De *Micropaisagem*	64
De *Sobre o Lado Esquerdo*	99
De *Cantata*	113
De *Terra de Harmonia*	123
De *Colheita Perdida*	134
De *Mãe Pobre*	144
De *Turismo*	149
A escrita poética de Carlos de Oliveira: corpo-fóssil	157
Seleção prévia dos poemas pela organizadora e pelos colaboradores	177
Agradecimento ao fotógrafo Renato Roque	191

No entanto, apesar da potência de sua escrita lírica, o autor é praticamente desconhecido aos leitores brasileiros de poesia, sobretudo os mais jovens. A presente seleção de poemas, retirados de seus livros publicados ao longo de trinta e cinco anos (1942 a 1977) e reunidos na edição *Obras* de Carlos de Oliveira (1992), visa apresentá-lo a esse público. Para isso, além de nossas próprias escolhas, solicitamos a quatro professores / leitores especiais da poesia portuguesa, com trabalho de crítica bastante reconhecido, que indicassem vinte poemas de Carlos de Oliveira fundamentais para o leitor brasileiro conhecer sua poesia. Entre esses professores, dois já dialogam há décadas, em Portugal, com sua obra, autores de estudos mais do que referenciais: Osvaldo Silvestre e Rosa Maria Martelo; os outros dois, brasileiros, ambos poetas também, chegaram depois, com olhares novos e provocantes: Leonardo Gandolfi e Luis Maffei. Os quatro indicaram-nos[3] os seus poemas escolhidos, muitas vezes com opções semelhantes, para organizarmos esta edição à qual demos o mesmo título que tanto importava ao poeta: *Trabalho poético*[4]. A eles, o nosso agradecimento pela partilha deste projeto.

Com esta publicação, portanto, desejamos que esse autor tenha também seu lugar na atenção brasileira aos poetas portugueses do século XX, o que será justo e oportuno, porque escritores como ele devem ser conhecidos por todos que compreendem a literatura como um compromisso humano, e a poesia como trabalho depurado e exigente de pensamento do mundo. Ler Carlos de

---

3. Ver ao final a seleção de cada colaborador.

4. Com esse título, publicou sua poesia em dois volumes pela Livraria Sá da Costa Editora, Lisboa, em 1976. Em 1982, nova edição, conservando esse título, com a reunião dos dois volumes anteriores.

Por que ler Carlos de Oliveira?

> *O trabalho oficinal é o fulcro sobre que tudo gira. Mesa, papel, caneta, luz eléctrica. E horas sobre horas de paciência, consciência profissional. Para mim esse trabalho consiste quase sempre em alcançar um texto muito despojado e deduzido de si mesmo, o que me obriga por vezes a transformá-lo numa meditação sobre o seu próprio desenvolvimento e destino. É o caso da* Micropaisagem. *Um texto diante do espelho: vendo-se, pensando-se.* (Carlos de Oliveira, 1992, p. 587)[1]

Carlos de Oliveira nasceu em 1921 no Brasil, em Belém do Pará, de pai português e mãe brasileira[2], mas aos dois anos foi levado para Portugal, passando a infância numa aldeia, Nossa Senhora das Febres, em Cantanhede, numa região conhecida como Gândara. Estudou na Universidade de Coimbra (Ciências Históricas e Filosóficas, Faculdade de Letras) e mudou-se em 1948 para Lisboa, onde veio a falecer em 1981. Um nome forte, no século XX, da poesia e da narrativa portuguesa moderna e contemporânea, a ele se devem gestos impactantes de escrita que confrontaram, no ato mesmo de sua elaboração, a concepção do que seja o "trabalho oficinal" em poesia e o compromisso com a literatura.

---

1. Em todas as transcrições de Carlos de Oliveira, foi mantida a grafia portuguesa original.

2. A informação sobre a naturalidade de sua mãe (Santos, SP) encontra-se na certidão de nascimento do escritor, que integra o espólio catalogado no Museu do Neo-realismo, em Vila Franca de Xira, Portugal. Em geral, fala-se de "pais portugueses".

Oliveira é seguramente uma estimulante experiência, ainda mais num tempo como o nosso.

Esta edição publicada em 2021 celebra também o centenário de nascimento do escritor, cujo espólio literário, doado ao Museu do Neorrealismo, em Vila Franca de Xira, Portugal, ora catalogado e acessível aos pesquisadores, permite conhecer, com maior amplitude, o interior de sua oficina de trabalho, demonstrando, de diferentes modos, como Carlos de Oliveira foi sempre um leitor atento de textos alheios e de sua própria obra, reescrevendo-a, recriando-a, sem cessar.

Rio de Janeiro, janeiro de 2021
Ida Alves[5]

---

[5]. Professora titular de literatura portuguesa do Instituto de Letras da Universidade Federal Fluminense-UFF, Niterói, Rio de Janeiro. É Vice-Coordenadora do Polo de Pesquisas Luso-Brasileiras (PPLB), sediado no Real Gabinete Português, Rio de Janeiro. É pesquisadora-bolsista do Conselho Nacional de Pesquisa – CNPq – Brasil e Cientista do Nosso Estado – FAPERJ. Tem livros coorganizados sobre poesia portuguesa moderna e contemporânea e relações literárias luso-brasileiras, além de diversos capítulos de livros e artigos publicados, notadamente, no Brasil, Portugal e França.

Convite ao povoamento

Leonardo Gandolfi[1]

Carlos de Oliveira é um poeta de grande importância no panorama da poesia portuguesa do século XX e essa importância se deve a muitos fatores. O principal deles talvez seja a coerência de seu próprio percurso. Seus primeiros livros (décadas de 40 e 50), tanto em prosa como em verso, são marcados por uma forte presença do ideário neorrealista – comum em certo panorama português da época – que defendia, *grosso modo*, uma literatura de denúncia com fins de intervenção e de transformação política. Porém, com o tempo, mais precisamente a partir da década de 60, Oliveira reavalia tal ação voltando-se mais para a realidade material do texto – do *canto* dos primeiros livros à *caligrafia* dos últimos –, criando uma literatura compromissada (sobretudo, mas não só) com sua especificidade estética. Essa mudança de tom acarretou o retorno aos antigos livros e sua reescrita, deslocando sua forma e redimensionando o seu carácter social.

A beleza da poesia de Carlos de Oliveira exige muito do leitor. Ela o convida a trabalhar tanto quanto o poeta. Cada um, com seu acervo cultural e sentimental, atuará de forma diferente a par-

---

[1]. Professor de Literatura Portuguesa na Universidade Federal de São Paulo. Possui graduação em Letras (Português-Literaturas) pela Universidade Federal Fluminense (2004), mestrado em Literatura Portuguesa (2007) e doutorado em Literatura Comparada (2012) na mesma universidade. Tem publicações na área de Literatura Comparada, com ênfase em Literatura Portuguesa e Brasileira, atuando principalmente nos seguintes temas: poesia e narrativa portuguesa, poesia brasileira e artes plásticas. É autor dos livros de poemas *No entanto d'água* (2006) e *A morte de Tony Bennett* (2010) e *Escala Richter* (2015).

tir dessa poesia, diferença que, no entanto, não apontará para uma dispersão de intensidades. Pelo contrário, é essa a pluralidade necessária para o povoamento da paisagem que se desenha em seus versos e também em seus romances, sobretudo em *Finisterra – paisagem e povoamento*, obra-prima de 1978, em que narrativa, ensaio e poesia se confundem de forma inédita na literatura portuguesa. O realismo – caso se possa utilizar esse termo em se tratando de Oliveira – será um realismo muito particular, porque nasce propriamente da consciência da leitura: ela cria no texto um mecanismo específico de referência à realidade, realidade dupla: a precariedade da Gândara onde o autor cresceu e a precariedade da paisagem escrita, em sua tensão entre autonomia estética e a impossibilidade dessa mesma autonomia. Tal jogo assume um caráter de compromisso forte: aqui se vê que a obra de Oliveira – embora acabe por se desvincular de um neorrealismo mais diretivo – não abandona a vontade social, que, se antes vinha de fora para dentro do texto, agora vem de dentro para fora.

Podemos dizer assim que sua poesia dá a conhecer uma realidade específica. Paisagem já mencionada pelo menos desde as primeiras resenhas de Gastão Cruz, na década de 60. Por exemplo, sobre o poema "Rudes e breves as palavras pesam", Gastão escreve: "Analisando as relações entre o 'canto' e o 'mundo', Carlos de Oliveira verifica que a 'torre' do seu 'canto' não se limita a ter no mundo alicerces, mas se identifica com ele. Donde as palavras nomeiam uma realidade e são essa mesma realidade." (CRUZ, 1999, p.64). Em 1969, Nelson de Matos também já dava destaque a essa paisagem menos descrita que escrita: "[...] o limitado vocabulário todo com grande incidência substantiva: as constantes referências a um mundo mineral fossilizado ou em movimento (...)" (MA-

TOS, 1972, p.146-147). E, mais à frente: "A secura no entanto em grande parte se mantém e é ela, sem dúvida, uma das principais características da escrita de Carlos de Oliveira" (p.149). Mas é claro que a passagem do poema ao conhecimento de uma realidade a que nos referimos não é algo direto, imediato. Certa poesia moderna hesita entre ser o objeto de si mesma e não sê-lo. Tal característica tem contornos próprios nos versos de Carlos de Oliveira e se desenha por meio de índices de leitura bem concretos: estalactite, calcário, água, pedra, cal, cristal, gelo, poços, só para recuperar parte da lista feita por Nelson de Matos. Com o poema, uma das principais questões é fazer coincidir autonomia e engajamento e assim dar acesso a uma paisagem. Ou mais do que isso: com o poema, podemos dizer que o leitor povoa a paisagem.

Como lermos, então, essa poesia? Há diversos caminhos. Diante deles, o leitor experimenta essa realidade, povoa-a, sobretudo levando em conta aquilo que essa mesma paisagem tem de inabitável. Ou seja, se o lugar é árido e o poema é o lugar, teremos uma poesia substantiva, elíptica, material, concreta e ainda assim silenciosa. Nesse sentido, os versos do autor, mesmo afastados de um neorrealismo programático, ainda teriam uma inclinação política, já que denunciariam, por meio da força de sua forma, a dureza de uma realidade social. Por exemplo, o leitor não ouve falar dos problemas da Gândara, mas sim experimenta algo análogo a eles durante a leitura. Nesse sentido, os versos de Carlos de Oliveira respondem muito bem a um famoso desejo de Artaud: "O mais urgente não me parece tanto defender uma cultura cuja existência nunca salvou qualquer ser humano de ter fome e da preocupação de viver melhor, mas extrair, daquilo que se chama cultura, ideias cuja força viva é idêntica à da fome" (ARTAUD, 1999, p.1).

Para além dos livros de poesia e dos romances, Oliveira publica *O aprendiz de feiticeiro* em 1971, onde reúne e reescreve pequenos textos esparsos na imprensa ou inéditos: crônicas, contos, poemas em prosa e outros. Alguns desses textos funcionam como espécie de *ars poética* do autor, sobretudo no que se refere à relação entre o texto e a já mencionada paisagem da Gândara, região localizada na costa central de Portugal, nas proximidades de Coimbra, e marcada por terrenos arenosos e pouco férteis, onde dunas proliferam. Carlos de Oliveira passou aí sua infância, numa aldeia chamada Nossa Senhora das Febres. Por conta da vegetação inóspita e da pobreza, a Gândara conheceu um êxodo grande de seus moradores.

> Meu pai era médico de aldeia, uma aldeia pobríssima: Nossa Senhora das Febres. Lagoas pantanosas, desolação, calcário, areia. Cresci cercado pela grande pobreza dos camponeses, por uma mortalidade infantil enorme, uma emigração espantosa. Natural portanto que tudo isso me tenha tocado (melhor, tatuado). O lado social e o outro, porque há outro também, das minhas narrativas ou poemas publicados (quatro romances juvenis e alguns livros de poesia) nasceu desse ambiente quase lunar habitado por homens e visto, aqui para nós, com pouca distanciação. A matéria de alguns poemas da "Micropaisagem", talvez mais decantada [desencantada?][2], mais indirecta, é a mesma. [...] (OLIVEIRA, 2004, p.184).

2. Em todas as edições a palavra é decantada, apenas a de 1992 (Obra completa) traz a palavra desencantada. Sobre isso escrevi em minha Dissertação de Mestrado: "Finalmente em *Micropaisagem* (1969), ao falar sobre a transferência de algumas características de paisagem de sua infância, a Gândara, para sua poesia vemos uma mudança, onde lemos 'decantada', na edição de 1992, está "desencantada": 'A matéria de alguns poemas da *Micropaisagem*, talvez mais decantada, mais indirecta, é a mesma' (p.184). É natural que em 1969 o autor se referisse ao então recente *Micropaisagem* como um livro decantado, pois afinal este é a confirmação da viragem de sua escrita percebida mais claramente em 1960, com *Cuntulu*, e depois levada a outras consequências em *Entre duas memórias* (1971), *Pastoral* (1976) e *Finisterra. Paisagem e povoamento* (1978). Depois, porém, como sugerem os posteriores poemas e principalmente o último livro de prosa, podemos perceber o quanto há de desolação no que diz respeito tanto a essa tentativa de escrever a partir da memória, quanto no que diz respeito à própria questão da representação como um todo, sempre sujeita ao extravio, sempre regida, apesar de todo o rigor, pelo arbitrário, pela

[...] A secura, a aridez desta linguagem fabrico-a e fabrica-se em parte de materiais vindos de longe: saibro, cal, árvores, musgo. E gente, numa grande solidão de areia. A paisagem da infância que não é nenhum paraíso perdido mas a pobreza, a nudez, a carência de quase tudo (Idem, p.186).

Escrever é lavrar, penso comigo, olhando esta Ereira onde se fecha hoje o círculo que o seu cantor traçou com a própria vida. E lavrar, numa terra de camponeses e escritores abandonados, quer dizer sacrifício, penitência, alma de ferro. Xistos, areais, cobertos de flores, de frutos, se a chuva deixar, o sol quiser, o tempo não reduzir as sementes e o coração a cinza. Tanta colheita perdida na literatura e eu que o diga nesta linguagem de vocábulos pesados como enxadas, na voz lenta, difícil, entrecortada de silêncios, que os cavadores e os mendigos me ensinaram, lá para trás, no alvor da infância: um pouco de frio e neblina coalhada, sons ásperos, animais feridos (Idem, p.16).

Os efeitos dessa identificação entre a linguagem do texto e a paisagem da Gândara aparecem na recriação – por meio de imagens e também da sintaxe – dessa "voz lenta, difícil, entrecortada de silêncios". É o que se vê, por exemplo, de forma mais extensa, num poema como "Estalactite". Porém, essa imitação do lugar acaba por se tornar crítica e criativa justamente por essa lentidão e por esses silêncios que vão introduzindo no texto espaços em branco, onde o leitor precisa tomar decisões para que prossiga o percurso da leitura. Tais decisões, resultado direto da forma do poema, permitem que a leitura crie um caminho próprio, gerando, digamos, variantes de sentido e certo movimento de errância. É como se a poesia de Carlos de Oliveira repovoasse a Gândara, tornando lavrável uma paisagem que não deixa de ser inóspita. Em outras pa-

---

errância, enfim. Toda essa anotação de variantes, ainda por serem resolvidas, tem por propósito demonstrar como esses textos estão, num todo, sujeitos a temporalidades diversas, em consonância com a lógica da reescrita que marca a obra do autor." (Gandolfi, 2007, p.69)

lavras, esses versos atualizam uma paisagem em potência. Assim, a representação é feita a partir da atualização. O texto é atualização do mundo, da mesma forma que a leitura é uma atualização do texto: daí o trabalho do leitor. Essa é a relação mimética entre mundo e poema em Carlos de Oliveira.

Em *O aprendiz de feiticeiro*, num texto sobre Afonso Duarte – autor que foi para ele um mestre –, Oliveira chega a uma imagem que pode representar melhor tal movimento e ser muito útil na leitura dos seus próprios poemas: as metamorfoses repetitivas. Segundo ele, essa "metamorfose consiste no acto de repetir as formas, quer dizer, de criar formas novas mas idênticas" (OLIVEIRA, 2004, p.174). A partir disso, não seria absurdo falar em imitação na sua obra, já que essa criaria "formas novas mas idênticas". Acontecem mudanças, mas nenhuma dessas mudanças nega a forma dada: como a lenta e gradual transformação do dia em noite. "É na zona escura do círculo que decorrem as metamorfoses, embora preparadas primeiro e anunciadas depois pelas transições vespertina e matutina" (Ibidem). Trata-se, pois, de "um repetido repetindo as formas na ressurreição cotidiana sem destruir nada em definitivo (a evolução, o desaparecimento de certas espécies, são quotidianamente imperceptíveis)" (Idem). Em outro texto do mesmo livro, o autor escreve:

    a) o meu ponto de partida, como romancista e poeta, é a realidade que me cerca [...].

    b) o processo para a transpor em termos literários está sujeito a um condicionamento semelhante ao dela e até ao condicionamento dela (em última análise, o processo faz parte da realidade).

c) [...] a realidade cria em si mesma os germes da transformação; o processo consiste sobretudo em captá-los e desenvolvê-los num sentido autenticamente moderno [...] (OLIVEIRA, 2004, p.65).

A ideia das metamorfoses repetitivas é a mesma: criar em termos literários um equivalente para os mecanismos de transformação da realidade. Essa operação pode ser melhor entendida por meio da relação entre ato e potência: o mundo como atualizações de potências. O povoamento da paisagem é portanto a convivência dessas atualizações no espaço novo, mas idêntico, que é o poema. Quando seus versos conseguem emular aquela "voz lenta, difícil, entrecortada de silêncios" (OLIVEIRA, 2004, p.16), eles mesmos acabam por provocar no leitor, não uma emigração, mas a errância na paisagem áspera. Aspereza cujas partes mais visíveis são silêncio, brevidade, precariedade.

Com essa perspectiva, a obra de Carlos de Oliveira assume uma dimensão política forte, pois transforma simbolicamente uma região inóspita e infértil em uma das mais fecundas e ricas paisagens da literatura portuguesa do século XX, tornando seu povoamento um ato que não cessa de acontecer. "Se a poesia é como queria Maiakovski uma 'encomenda social', o que a sociedade pede aos poetas de hoje, mesmo que o peça nebulosamente, não anda longe disto: evitar que a tempestade das coisas desencadeadas nos corrompa ou destrua" (Idem, p.181). Longe de uma função diretiva da arte sobre a sociedade, a poesia de Carlos de Oliveira, ao metamorfosear as asperezas da paisagem, faz ao leitor um desconcertante convite.

Referências bibliográficas

ARTAUD, Antonin. *O teatro e seu duplo*. São Paulo: Martins Fontes, 1999.

CRUZ, Gastão. *Poesia portuguesa hoje*. 2ª ed. corrigida e aumentada. Lisboa: Relógio d'água, 1999.

GANDOLFI, Leonardo. Mundo comum e povoamento da paisagem. [Dissertação de mestrado] Niterói: Universidade Federal Fluminense, 2007.

MATOS, Nelson de. *A leitura e a crítica*. Lisboa: Editorial Estampa, 1971.

OLIVEIRA, Carlos de. *O aprendiz de feiticeiro*. Lisboa: Assírio & Alvim, 2004.

De *O aprendiz de feiticeiro*[1]

---

1. Conservamos a ortografia portuguesa usada pelo escritor. Todos os textos a partir daqui reproduzem a versão publicada em *Obras* de Carlos de Oliveira, 1992. *O Aprendiz de Feiticeiro*, livro de "crónicas", foi publicado pela primeira vez em 1971. Embora não seja livro de poesia, encontram-se aí textos fundamentais para a compreensão de sua escrita.

O INQUILINO

1) Ainda me lembro dessa noite. Fevereiro de mil novecentos e cinquenta e quatro. Sentado à mesa de trabalho, sem fazer um gesto, recortado na luz intensa do candeeiro que o apanhava de perfil, o inquilino ia perguntando aos espectadores imaginários como se o tolhesse a lentidão dum sonho ou o tapete no fio se pusesse de repente a falar:

>Aceito a ordem
>das coisas, a geometria
>imposta do quarto?
>Os objectos no
>seu lugar de sempre,
>a distância exacta
>da cadeira à mesa,
>do meiple à janela?
>O sono do tapete?
>O universo diário
>do quarto alugado,
>as molduras que
>cercam, resguardam
>naturezas mortas,
>paisagens imóveis?
>Aceito a minha vida?
>Ou mexo no candeeiro,
>desvio-o alguns centímetros
>na mesa, altero
>as relações das coisas,
>afinal tão frágeis

que o simples desvio
dum objecto pode
romper o equilíbrio?
Pego no telefone
e grito ao primeiro
desconhecido: ouves-me?
Ou deixo tudo
tal como está,
medido, quieto
no rigor do quarto,
e eu hesitante
entre o soalho e o tecto?
Desloco o cinzeiro
sabendo que posso
matar mandarins,
provocar cataclismos,
fracturas, amores,
eclipses, sonhos,
com a ponta dum dedo?
Ou apago a lâmpada
eléctrica e entro
no mesmo torpor
que as flores do tapete,
a fruta dos quadros,
o frio, o bolor,
no chão, nas paredes,
o poema na mesa,
a mesa no espaço
do quarto comprado

mês a mês? Confundo
o aluguer e o tempo,
deixo-me ser
em cada milímetro,
em cada segundo,
do quarto, da vida,
o outro objecto
chamado inquilino?
Ou desencadeio
a insurreição
mudando de sítio
o meiple, a cadeira,
mudando-me a mim?

2) Sempre pensei escrever teatro. Durante anos fui acumulando ideias, títulos, esquemas, livros de consulta. Mas hoje, olhando para trás, verifico que a minha obra teatral tem muita coisa inútil, para pôr de parte, e reduzo-a a duas peças principais:

a) "A barragem", tragédia revolucionária. O tempo histórico abolido: Fernão Vasques, Febo Moniz, o Manuelinho de Évora, outros símbolos da "resistência" moral e política, contracenam numa última conspiração. Deter e levar o rio português à sua foz natural. Clarificá-lo, encaminhá-lo para o mar. A ele, que se tem perdido sempre ou quase sempre entre pântanos. "A barragem" não acaba mal nem bem porque toda a acção é anterior ao desfecho da conjura. O sentido trágico da peça está no facto de os personagens não terem outra oportunidade e se falharem falharem irremediavelmente. A experiência da derrota, o envolvimento nos preparativos dum vale de Josafat político, de juízo final sem apelo nem agravo, a construção da barragem, lenta, cheia de perigos (tentativas policiais de desmantelamento, prisões já muito perto do comité central, mudanças apressadas de domicílio, encontros suspensos à última hora, etc.), instalam nestes homens que esperam a ressurreição ou a segunda morte, definitiva mesmo para os católicos, uma grande solidão interior que a peça explora em todos os sentidos: metafísico, histórico, religioso, social, militante. Cálculos quase infinitesimais da consciência humana sondando o seu significado, o seu destino. Coisa para quatro horas de espetáculo.

A ideia é mais ou menos contemporânea de "El-Rei Sebastião" de José Régio e "O Indesejado" de Jorge de Sena, que inauguram entre nós, suponho, o surto de teatro histórico onde se incluem depois "O render dos heróis" de José Cardoso Pires, "Felizmente há luar" de Luís de Sttau Monteiro, "O Judeu" de Bernardo Santareno, "Bocage" de Romeu Correia. Faltam alguns com certeza, mas cito de memória, sem estantes para consultar, neste ermo dos arredores de Lisboa batido por um vento de tempestade que vai derrubando centenas de pinheiros, colaborando exemplarmente no arboricídio geral.

Gelnaa[2], a escorrer chuva, entra pelo escritório:

– A acácia grande caiu agora mesmo.

A acácia grande, cem anos vagarosos de crescimento. O fascínio de certas árvores, o seu charme antigo recebemo-lo de plantadores mortos há muito e não podemos improvisá-lo ou substituí-lo durante a nossa vida. Não chega para tanto. Plantaremos outra acácia, claro, mas a que foi derrubada deixou mais um pouco de sombra nos olhos de Gelnaa. Uns olhos que

---

2. Gelnaa é anagrama de Angela, esposa do escritor.

escurecem de ano para ano. São as tuas rugas, costumo dizer-lhe. E penso: por enquanto. O tempo não lhe tocou ainda (por enquanto, repito supersticiosamente, como se o orgulho que sinto ao vê-la, sem esta ressalva, pudesse trazer mais cedo a velhice), limitou-se a carregar-lhe as íris do negro quase verde que têm os abismos em torno da sua ilha.

b) "Mrs. Davies": história duma sul-africana relativamente misteriosa, quarenta e poucos anos, um metro e setenta e oito de altura, loira, desse loiro de cobre ao lume donde saltam cintilações ruivas. Beleza, como dizem os especialistas, sazonada (exceptuando os olhos, onde ao contrário dos de Gelnaa persiste o azul distante da infância). Mrs. Davies, vinda da Cidade do Cabo, desembarca em Lisboa a 29 de novembro de 1935, véspera da morte de Fernando Pessoa. Tinha-o conhecido em Durban, numa escola inglesa, ambos pequenos, ele com nove ou dez anos, ela com cinco ou seis, e vinha enfim procurá-lo conforme prometera um dia, quando os pais a levaram da cidade para uma quinta no interior do Transvaal. Pessoa foi-lhe sempre fiel. Nunca mais a esqueceu embora julgasse que sim e cantou-a sem desfalecimento sob o nome de Infância mesmo quando pensava falar doutra coisa. Infância, heterónimo de Mrs. Davies. Iria jurar que o belo título "Prayer of Woman's Body" lho inspirou também ela subconscientemente. Prece por um corpo de criança transformado em mulher, a irreparável metamorfose que o desgostava por duas razões interdependentes: 1. a imagem do paraíso perdido de facto perdida, 2. trocada por uma feminilidade que dizia pouco à sua misogenia. Creio que Fernando Pessoa generalizava demasiado ao falar do "obsceno", incluindo nisso quase tudo que cheirasse a sexo. Eis o que ele diz numa carta de 18/11/1930 a João Gaspar Simões:

> "*Antinous* e *Epithalamium* são os únicos poemas (ou até composições) que eu tenho escrito que são nitidamente o que se pode chamar obscenos. Há em cada um de nós, por pouco que especialize instintivamente na obscenidade, um certo elemento desta ordem, cuja quantidade, evidentemente, varia de homem para homem. Como esses elementos, por pequeno que seja o grau em que existem, são um certo estorvo para alguns processos mentais superiores, decidi, por duas vezes, eliminá-los pelo processo simples de os exprimir intensamente. É nisto que se baseia o que será para v. a violência inteiramente inesperada de obscenidade que naqueles dois poemas – e sobretudo no *Epithalamium*, que é directo e bestial – se revela. Não sei porque escrevi qualquer dos poemas em inglês".

Não sabe? Mas eu suponho que só pode haver uma razão (obscura, concordo): o inglês é a língua que o religa a parte da infância e à adolescência, a língua que falava a então pequena Miss Não Sei Quê, mais tarde Mrs. Davies. Estamos perante um exorcismo, um apelo, um aviso, uma "violência", como quiserem, que se encaminha em qualquer das hipóteses a essa criança-infância destinada, pela ordem natural das coisas, a ser poluída na intimidade dum homem, a ser tocada pelo "obsceno", e Pessoa dirige-se-lhe em inglês, o idioma que ela entende. Além disso, os "processos mentais superiores" conjugam-se mal com a "obscenidade" e é preciso descarregá-la a todo o custo (na vida não, na literatura), decantar as sensações de adulto, infantilizá-las, traduzi-las no código puro da pequenita de Durban: "o que em mim sente está pensando" (abstractamente) nela.

Afirma Pessoa, noutra carta a Gaspar Simões, 11/12/1931, que Freud lhe ensinou alguma coisa embora não tenha precisado dele para "conhecer, pelo simples estilo literário, [...] o onanista e, adentro do onanismo, o onanista praticante e o onanista psíquico". E mais adiante, referindo-se ao "que há de abusivamente sexual" nalgumas interpretações freudianas aplicadas à literatura, chama a atenção para o risco de conduzirem "a um rebaixamento automático, sobretudo perante o público, do autor criticado, de sorte que a explicação, sinceramente baseada e inocentemente exposta, redunda numa agressão". Talvez. O pior é a terminologia escolhida: rebaixamento, agressão, que faz pensar num ouriço a eriçar-se. Declara na mesma carta ter aprendido com Freud que o tabaco e o álcool são translações do onanismo. Ele, grande fumador e bebedor (concluo eu), está a coberto da suspeita. Mas que importância tem isto senão a de pôr a nu alguns preconceitos sociais de Pessoa?

Em todo o caso, saliento que "Mrs. Davies" é uma ficção teatral e portanto a sua pequena maquinaria imaginativa mói com indiferença a realidade, os preconceitos, as próprias declarações do poeta. Lá por ter repetido muitas vezes que tem saudades da infância (insinua ainda na mesmíssima carta) não quer dizer forçosamente que as tenha. E no entanto Mrs. Davies vem procurá-lo, no cumprimento duma promessa que pesou na existência e na obra de Pessoa até à abulia, até ao génio, só para ele a rever e se rever uma última vez.

Depois de várias peripécias, consegue encontrá-lo no Hospital de S. Luís dos Franceses, já agonizante. Diz-se que tinha junto de si apenas três pessoas: o capelão, o médico, a enfermeira, mas evidentemente havia também Mrs. Davies. Posso prová-lo, porque esse encontro estava há muito previsto nos astros, nos horóscopos fingidos ou verdadeiros, como se a fatal conjugação das estrelas apontasse desde sempre o quarto onde agora morria, apaziguado pelo olhar que tanto esperou e a vida conservara, através de tudo, azul, longínquo, puro:

> E no quarto silente
>
> Com a luz a ondear
> Deixei vagamente
> Até de sonhar...

3) O mais curioso destas peças é nunca terem sido escritas. Destas e das outras que risquei hoje da minha lista bibliográfica por manifesta menoridade artística. Mas o facto de "Mrs. Davies" e "A barragem" não estarem passadas ao papel acaso justifica que o leitor apressado pense: ora bolas (ou então: ainda bem)? A existência do texto será assim tão relevante como isso? As últimas experiências cénicas não o consideram praticamente supérfluo?

Para fugir a uma longa catadupa de argumentos teóricos, lembro apenas a tradição do teatro oral, velha como o próprio teatro. Tenho contado as duas obras a vários amigos, de preferência não escritores, que constituem vendo bem as coisas um começo de público. E, mais importante ainda (como acontece às anedotas ou ao segredo que nos disseram agora mesmo), eles as contarão a outros amigos, que por sua vez também têm amigos, etc. Sempre acrescentadas de um ponto, enriquecidas, transformadas em criação colectiva que lembra os sedimentos do teatro popular e exige a participação dum espectador fora do habitual. Activo, longe das salas onde se serve a papa já feita a uma burguesia sem dentes...

Nunca tentei perscrutar as causas que me impediram de redigir "A barragem", "Mrs. Davies" e o resto. Uma nova peça exigia por vezes muito cansaço prévio, muita documentação. Recolhia-a com a paciência dura (em duralumínio) dos estudiosos, mas mal chegava o momento de escrever, o tal minuto da verdade, logo um diabo ou um anjo sem rosto me suspendia a mão.

Porquê? Não sei nem vou averiguá-lo agora. Contudo, relato a seguir o que me aconteceu na noite de 1 para 2 de fevereiro de mil novecentos e cinquenta e quatro, quando venci por fim a proibição interior e alinhei sem emendas ou hesitações os sessenta e três versos da primeira fala de "O inquilino", que reproduzi ao princípio deste texto como estavam rascunhados a lápis nas costas dum envelope comercial.

A descrição do quarto corresponde sensivelmente à realidade. Móveis de pinho, com várias camadas de biòchene a sufocar (ou pelo menos sossegar) o caruncho. Oleogravuras nas paredes: maçãs, choupos, perdizes mortas. Manchas de humidade, bolor renascendo dia a dia de si mesmo, o tapete esfiado, a espécie de frio permanente a que chamamos desconforto, mas tudo limpo e arrumado, o que torna as coisas pobres mais pobres e geladas, digam o que disserem os prègadores do pouco para os outros. No meio disto uma comodidade: o telefone (cinquenta mil réis por mês, fora as chamadas) com direito da senhoria aos seus telefonemas (grátis). Devo dizer que não abusava.

Gelnaa adormecera cedo. Era então professora num colégio dos arredores e tinha de levantar-se ainda de noite para apanhar o comboio das sete e dez no Cais do Sodré. Eu fiquei à mesa de trabalho. Uma dessas traduções providenciais que davam algum alívio ao nosso orçamento sempre com falta de ar. Propaganda de produtos farmacêuticos, a quinze tostões a linha, melhor que traduzir literatura para as editoras. Por trás do prédio, o silêncio da

Lisboa campestre, onde se erguem hoje o bairro de S. Miguel e a Avenida dos Estados Unidos. Silêncio, é como quem diz. Um ou outro balido de ovelha, grilos, ralos, os cães dos pastores.

Acabei a tarefa bastante tarde. E de repente, apesar do cansaço, desatei a redigir os versos de "O inquilino" no envelope que recebera do laboratório. Uma desatenção do anjo ou do diabo encarregado de me deter. Não consigo explicá-la. Não percebo também porque transcrevi há pouco essa fala sem riscar uma simples vírgula: correcções, rasuras, acrescentos, são o meu forte (e o meu fraco). Superstição? Quem sabe.

E entramos por fim no que mais interessa: acabado o impulso das primeiras palavras, afastei a cadeira distraidamente e levantei-me, tentando delinear o seguimento da peça, cuja ideia me surgira só no acto de escrever. Nenhum plano anterior, nenhum esboço. Levantei-me e andei para a janela, metido na pele do inquilino, perguntando a mim mesmo (ou a ele) se não haveria outras perguntas a fazer antes duma decisão que podia ferir o equilíbrio do mundo ou coisa parecida. Foi quando a madrugada explodiu numa féerie mais ou menos nórdica, como se tivesse realmente bastado mexer na cadeira, na ordem pré-estabelecida do quarto, para desencadear o imprevisto: uma tempestade de neve em Lisboa.

Neve por toda a parte: árvores, telhados, ruas, cintilando sob a luz das lâmpadas: raios verdes, roxos, cruzavam-se no ar, chocavam e do choque nascia um grande revérbero azulado que lembrava a cor das descargas eléctricas; mais lento em todo o caso, modelado pelo vento quase imperceptível.

O filtro mágico das palavras (pensei, cheio de espanto), aí está ele. E senti a mão de Gelnaa apertar-me o ombro: – Nunca vi nada como isto.

Chegavam do Matadouro os gritos dos bichos sacrificados, mas chegavam a custo, na atmosfera espessa, quebrando-se contra as esquinas e as telhas vítreas que os desfaziam num amplo murmúrio de dor. Pouco a pouco, abria-se a madrugada. Pareceu-me então que a sua claridade vinha de propósito aplacar a fúria da neve. Felizmente, porque eu não era ainda capaz de dirigir o meu próprio poder...

Quando for, talvez tente de novo, se o anjo estiver distraído outra vez. Nessa altura dominarei a neve, transformarei a cidade numa acrópole de gelo (Camilo Pessanha), para a ressuscitar depois sem quartos de aluguer.

Pode ser apenas coincidência, mas até à data não voltou a nevar.

COISAS DESENCADEADAS

1) Mutações bruscas, cortes radicais com o passado literário, parecem-me inviáveis. Começar outra vez a poesia portuguesa como se ela acabasse de nascer? Desculpem-me (os espíritos "cultos") a imagem camponesa, mas a enxertia faz-se na árvore que já existe. Para a revitalizar ou para conseguir frutos diferentes que trazem no entanto um pouco de sabor, da textura anteriores.

Certamente, vivemos um tempo de prodígios. A física nuclear, por exemplo, encontra-se à beira dos mais íntimos segredos da matéria e são imagináveis hoje espantosas mutações. Mas qualquer identificação entre o conhecimento científico e o experimentalismo literário (o letrismo, a poesia concreta, a atomização dos versos, das palavras, a produção poética através de máquinas, etc.) não deve ser tomada a sério, se é que alguém a propõe claramente.

2) A crise primordial do mundo moderno pode talvez sintetizar-se assim: almas contra-revolucionárias com as armas das revoluções industriais nas mãos. A arte, espelho social, apesar de tudo límpido, reflecte por força as consequências dessa crise. Tomemos para exemplo um aspecto do problema: o "malefício" dos objectos. Sabemos todos que o domínio crescente da natureza pelos homens constitui a lei fatal, irreversível, do progresso. No entanto ninguém me acusará de reaccionário, espero, se disser que implica graves perigos para o próprio homem e poderá transformar-se até num boomerang. Não me refiro já à brutal aventura da destruição que o 20º aniversário da bomba de Hiroshima, comemorado há pouco, recorda aterradoramente, ou à poluição industrial ameaçando de gangrena a terra, a água, o ar, a flora, a fauna. Refiro-me aos perigos dum outro apocalipse, por dentro, menos espectacular mas também destruidor: a tecnocracia; a habituação passiva ao mecanismo, a uma atmosfera de metal diluído; e a idolatria, a sufocante obsessão dos objectos, fomentada por um aparelho publicitário formidável. É neste ponto que julgo ter a arte um papel de medicina humanista, de contraveneno insubstituível. Sartre diz algures que "o rigor científico reclama em cada um de nós outro rigor mais difícil, que o equilibra: o rigor poético", sublinhando que se trata de duas formas culturais "complementares".

A antinomia homem-objecto está plantada a meio da problemática artística das sociedades neocapitalistas e não é por acaso que lá está. Daí, que a substituição do poeta pela máquina electrónica de fazer poemas se me afigure uma coisa sem destino, uma "arte de consumo" sem consumidores. O poema é um objecto de substância especialíssima, com meios de produção adequados, cuja evolução se processa por caminhos muito seus que não admitem, ao que penso, qualquer ruptura na profunda integridade em que fluem. A poesia evolui, experimenta, liberta-se, mas não deixa de ser um produto directo, dilecto, da consciência humana. A verdadeira vanguarda não imita exactamente aquilo que mais precisa de combater, o esquecimento do homem na rápida aridez do mundo, que não advém do progresso mas do seu uso deturpado. Se a poesia é como queria Maiakovski uma "encomenda social", o que a sociedade pede aos homens de hoje, mesmo que o peça nebulosamente, não anda longe disto: evitar que a tempestade das coisas desencadeadas nos corrompa ou destrua.

MICROPAISAGEM[3]

1) "Micropaisagem" não é um desses livros súbitos de que fala Eda Olivier, "textos de origem vulcânica, servindo-se do autor como dum simples médium e jorrando torrencialmente, em pouco tempo". Antes pelo contrário: obra lenta, elaborada com todo o vagar na "alquimia" dos papéis velhos. Quase sem eu dar por isso o livro surgiu-me pronto, é certo, mas levara três anos a construí-lo. Papéis acumulados, experiências para aqui, para ali, vários livros a crescer lado a lado. Coisas reescritas até à saciedade, e por fim a pequenina explosão já entrevista, pelo menos sonhada. O aproveitamento (o cálculo) da explosão. Dominá-la, encaminhá-la, etc. Raras vezes a poesia me deu qualquer coisa de graça. Neste livro, porém, o poema "Debaixo do Vulcão" (sugestão do título? coincidência?) foi escrito velozmente a partir dum mero jogo espontâneo de palavras e mandado mais tarde para a tipografia sem nenhuma

---

3. *Micropaisagem* é também o título de um dos seus livros de poesia, publicado em 1968.

emenda. Lava? Não, não exageremos. O resto é trabalho vagaroso. Feito, desfeito, refeito, rarefeito.

2) Meu pai era médico de aldeia, uma aldeia pobríssima: Nossa Senhora das Febres. Lagoas pantanosas, desolação, calcário, areia. Cresci cercado pela grande pobreza dos camponeses, por uma mortalidade infantil enorme, uma emigração espantosa. Natural portanto que tudo isso me tenha tocado (melhor, tatuado). O lado social e o outro, porque há outro também, das minhas narrativas ou poemas publicados (quatro romances juvenis e alguns livros de poesia) nasceu desse ambiente quase lunar habitado por homens e visto, aqui para nós, com pouca distanciação. A matéria de alguns poemas da "Micropaisagem", talvez mais desencantada, mais indirecta, é a mesma. O que não quer dizer evidentemente que tenha desaproveitado experiências diferentes (ou parecidas) que a vida e a cultura me proporcionaram depois.

3) Neste livro, o tema da memória surge várias vezes. A memória, uma estalactite. Certo dia, rebentando como de costume (a tiros de pólvora) uma das breves colinas gandaresas donde extraem a sua cal, os camponeses viram com espanto que a colina era oca. Estalactites suspensas do céu calcário. Gotas de água? De pedra? Por esta referência longínqua e autêntica começa o primeiro poema do livro. Mas não só a memória. Também o tempo, a elaboração do poema através dos estratos sobrepostos do tempo, com um rigor que simula a reacção química ou um pequeno sistema planetário. Todo esse rigor, toda essa frieza, partiram assim do real, do quotidiano. Frieza aparente, julgo eu. O livro, qualquer livro é uma proposta feita à sensibilidade, à inteligência do leitor: são elas que em última análise o escrevem. Quanto mais depurada for a proposta (dentro de certos limites, claro está), maior a sua margem

de silêncio, maior a sua inesperada carga explosiva. A proposta, a pequena bomba de relógio, é entregue ao leitor. Se a explosão se der ouve-se melhor no silêncio.

4) Ainda a memória. Além do que já disse e do que falta dizer (homens e mulheres que perdem nas suas camas a memória uns dos outros, amor que deixa de reconhecer o rosto que lhe serviu de espelho, etc.), o poema que fecha o livro tenta criar e analisar um processo visual de esquecimento. Os elementos físicos, reais, desse processo são também trazidos das lagoas purulentas, da microflora de árvores doentes. Mas paro aqui. A proposta não deve ser muito explicada, lembram-se? E de resto cingi-la apenas à memória, a circunstâncias remotas, torna-a com certeza mais pobre.

5) O trabalho oficinal é o fulcro sobre que tudo gira. Mesa, papel, caneta, luz eléctrica. E horas sobre horas de paciência, consciência profissional. Para mim esse trabalho consiste quase sempre em alcançar um texto muito despojado e deduzido de si mesmo, o que me obriga por vezes a transformá-lo numa meditação sobre o seu próprio desenvolvimento e destino. É o caso da "Micropaisagem". Um texto diante do espelho: vendo-se, pensando-se.

6) Escrevo com frequência interpretações doutros poetas. Perguntam-me porquê. Respondo precisamente citando um poeta: "J'imite. Tout le monde imite, tout le monde ne le dit pas" (Aragon). Porém os poetas nestas coisas não devem ser tomados muito à letra. Quem não sabe ainda que o poeta é um fingidor?

Em todo o caso temos consciência, mais ou menos, que a poesia de cada um se faz também com a poesia dos outros no permanente confronto da criação. Para descobrir o que há de pessoal em nós, para nos distanciarmos, já se vê. Mas não se foge completamente a certos contextos literários, a certa parentela. Entramos sempre com maior ou menor conhecimento do facto numa linhagem que nos convém e é dentro dela que trabalhamos pelas nossas pequenas descobertas, mesmo os que se pretendem duma total originalidade. Não há revoluções literárias que rompam cerce com o passado. Olhem para elas, procurem bem, e lá encontrarão as fontes, as referências, próximas ou distantes. Claro, os escritores que contam são aqueles que acrescentam ou opõem alguma coisa ao que já existe, ou o exprimem de maneira diferente, mas cortes totais, rupturas, não se dão.

7) Perguntam-me ainda porque falo tanto da infância. Porque havia de ser? A secura, a aridez desta linguagem, fabrico-a e fabrica-se em parte de materiais vindos de longe: saibro, cal, árvores, musgo. E gente, numa grade solidão de areia. A paisagem da infância que não é nenhum paraíso perdido mas a pobreza, a nudez, a carência de quase tudo.

Desses elementos se sustenta bastante toda a escrita de que sou capaz, umas vezes explícitos, muitas outras apenas sugeridos na brevidade dos textos. E disse sem querer uma palavra essencial para mim. Brevidade. Casas construídas com adobos que duram sensivelmente o que dura uma vida humana. Pinhais que os camponeses plantam na infância para derrubar pouco antes de morrer. A própria terra é passageira: dunas modeladas, desfeitas pelo vento. Que literatura poderia nascer daqui que não fosse marcada por esta opressiva brevidade, por este tom precário, demais a mais tão coincidentes com os sentimentos do autor?

De *Pastoral*[1]

---

1. Optamos por apresentar os livros de poesia de Carlos de Oliveira na ordem inversa de publicação, ou seja, do último para o primeiro. Este foi publicado pela primeira vez em 1977.

REGISTO

Saber que seja
este hálito: se terra
ou ar movido
já por metais mutáveis
na linha das colinas.

Como se propaga
esta sombra e fica
gradualmente gráfica
num som
de minas e éter; ou
ter desenhado o horizonte
com o seu traço
mais volátil: vermos só
a tinta evaporar-se.

Não há outro
registo, mas alíneas
deste. Assim flutua;
cálculo e acaso; a cal
ainda tensa das casas
sobre
o crepúsculo esponjoso.

CHAVE

para Anne Gall[2]

Se uma película de vidro
adere à pele da pedra; se algum
vento vier.

Afere-lhe o esplendor; martela,
fere: um som de ferro
no exterior; por dentro
outra textura mais espessa. Poisa
como um verniz depois o ar
suave a sua
laca no esmalte fracturado.

E levanta-se então.
Minuciosamente. Ergueu-se
o halo
das colinas; a lenta beleza
levitada em cada grão
de pedra. Irradiando as lanças
que o brilho do vento
restituiu à luz, no aro
mais espesso do ar.

Rodar a chave do poema
e fecharmo-nos no seu fulgor
por sobre o vale glaciar. Reler
o frio recordado.

---

2. Outro anagrama de Angela, esposa do escritor.

QUALQUER PALAVRA

Quando se despenham
entre estratos de sono.
E areia. Dizimados
por essa lucidez veloz
que os suspende
sobre lâminas,
horóscopos, lamelas
de astros histológicos. Então
querem saber: mais
árvores no mundo? mais
fórmulas sagradas?

Vasos venosos
como cordas. Que diremos
de quem tecia
tão poderosas coisas; tão
prováveis; senão qualquer
palavra avulsa
aquosamente ouvida. Quase
uma hipótese de chuva. E só
um som de passos
já sem peso
contra o metal das dunas.

CAMPONESES

Porquê? um tal volume
de águas: já
nas conchas rochosas;
obturando a erosão;
se fecham outras fontes, outras
arcas antigas. Para abrir
depois, saber
da chuva numerosa
que fulgor perdura;
ou grão;
mesmo de poucas nuvens.

Porque tão perto
o vento percutisse
todo o percurso disto,
melhor será esperar o ar
limpo de qualquer brilho.
Se caminham;
com a sua aura de água
opaca; oprimem
o horizonte. Ou param
para germinar. E então;
irreparavelmente;
absorve-os o crepúsculo.

LEITURA

Quando por fim as árvores
se tornam luminosas; e ardem
por dentro pressentindo;
folha a folha; as chamas
ávidas de frio:
nimbos e cúmulos coroam
a tarde, o horizonte,
com a sua auréola incandescente
de gás sobre os rebanhos.

Assim se movem
as nuvens comovidas
no anoitecer
dos grandes textos clássicos.

Perdem mais densidade;
ascendem na pálida aleluia
de que fulgor ainda?
e são agora
cumes de colinas rarefeitas
policopiando à pressa
a demora das outras
feita de peso e sombra.

DENTES

Os dentes, porque são dentes,
iniciais. Na espuma,
porque não são saliva
estas ondas
pouco mordentes; este
sal que sobe quase
doce; donde?

Numa espécie
de fogo: amor é fogo
que arde sem se ver;
porque não é
de facto fogo este frio aceso;
da saliva à lava
passa pela espuma.

Só os dentes.
Duros, ácidos, concentram-se
tacteando a pele,
tatuando signos sempre moventes
de fúria. Mordida
a pele cintila; espelho
dos dentes, do seu esmalte voraz;
suavemente.

MONTANHA

Sons sob a luz. Mosteiros,
torres sobrenaturais,
vibrando fluidamente no ar;
como? se o fluxo de mica,
os altos blocos de água,
cintilam sem rumor.

Toda esta arquitectura,
lenta percussão, perpassa;
sobre cerros sonoros;
com o seu contorno
infixo, fulgurando. Detenham-se
as estrelas quando
for noite; preguem-se
outros pregos de prata
fora do céu visível.

Sons já sem luz. Pastores
poisam as ocarinas, bebem;
entre colinas ocas;
o frio coalhado
pelas tetas das cabras.

MUSGO

Dir-se-á mais tarde;
por trémulos sinais de luz
no ocaso quase obscuro;
se os templos contemplando
estes currais sem gado
ruíram de pobreza.

Dir-se-á depois
por púlpitos postos em silêncio;
peso também a decompor-se
no mesmo pouco som;
se desaba o desenho
da nave antes de fermentar
a cor da sua pedra,
como fermentam leite e lã
de ovelhas mais salinas.

Dir-se-á por fim
que nenhum tempo se demora
na rosácea intacta;
e talvez
que só o musgo dá;
em seu discurso esquivo
de água e indiferença;
alguma ideia disto.

De *Entre Duas Memórias*[3]

---

[3]. 1ª edição, Publicações Dom Quixote, Lisboa, 1971.

CRISTAL EM SÓRIA

DESCRIÇÃO DA GUERRA EM GUERNICA

I

Entra pela janela
o anjo camponês;
com a terceira luz na mão;
minucioso, habituado
aos interiores de cereal,
aos utensílios
que dormem na fuligem;
os seus olhos rurais
não compreendem bem os símbolos
desta colheita: hélices,
motores furiosos;
e estende mais o braço; planta
no ar, como uma árvore,
a chama do candeeiro.

II

As outras duas luzes
são lisas, ofuscantes;
lembram a cal, o zinco branco
nas pedreiras;
ou nos umbrais
de cantaria aparelhada; bruscamente;

a arder; há o mesmo
branco na lâmpada do tecto;
o mesmo zinco
nas máquinas que voam
fabricando o incêndio; e assim,
por toda a parte,
a mesma cal mecânica
vibra os seus cutelos.

III

Ao alto; à esquerda;
onde aparece
a linha da garganta,
a curva distendida como
o gráfico dum grito;
o som é impossível; impede-o pelo menos
o animal fumegante;
com o peso das patas, com os longos
músculos negros; sem esquecer
o sal silencioso
no outro coração:
por cima dele; inútil; a mão desta
mulher de joelhos
entre as pernas do touro.

IV

Em baixo, contra o chão
de tijolo queimado,

os fragmentos duma estátua;
ou o construtor da casa
já sem fio de prumo,
barro, sestas pobres? quem
tentou salvar o dia,
o seu resíduo
de gente e poucos bens? opor
à química da guerra,
aos reagentes dissolvendo
a construção, as traves,
este gládio,
esta palavra arcaica?

V

Mesa, madeira posta
próximo dos homens: pelo corte
da plaina,
a lixa ríspida,
a cera sobre o betume, os nós;
e dedos tacteando
as últimas rugosidades;
morosamente; com o amor
do carpinteiro ao objecto
que nasceu
para viver na casa;
no sítio destinado há muito;
como se fosse, quase,
uma criança da família.

VI

O pássaro; a sua anatomia
rápida; forma cheia de pressa,
que se condensa
apenas o bastante
para ser visível no céu,
sem o ferir;
modelo doutros voos: nuvens;
e vento leve, folhas;
agora, atónito, abre as asas
no deserto da mesa;
tenta gritar às falsas aves
que a morte é diferente:
cruzar o céu com a suavidade
dum rumor e sumir-se.

VII

Cavalo; reprodutor
de luz nos prados; quando
respira, os brônquios;
dois frémitos de soro; exalam
essa névoa
que o primeiro sol transforma
numa crina trémula
sobre pastos e éguas; mas aqui
marcou-o o ferro
dos lavradores que o anjo ignora;
e endureceu-o de tal modo

que se entrega;
como as bestas bíblicas;
ao tétano, ao furor.

VIII

Outra mulher: o susto
a entrar no pesadelo;
oprime-a o ar; e cada passo
é apenas peso: seios
donde os mamilos pendem,
gotas duras
de leite e medo; quase pedras;
memória tropeçando
em árvores, parentes,
num descampado vagaroso;
e amor também:
espécie de peso que produz
por dentro da mulher
os mesmos passos densos.

IX

Casas desidratadas
no alto forno; e olhando-as,
momentos antes de ruírem,
o anjo desolado
pensa: entre detritos
sem nenhum cerne ou água,
como anunciar

outra vez o milagre das salas;
dos quartos; crescendo cisco
a cisco, filho a filho?
as máquinas estranhas,
os motores com sede, nem sequer
beberam o espírito das minhas casas;
evaporaram-no apenas.

X

O incêndio desce;
do canto superior direito;
sobre os sótãos,
os degraus das escadas
a oscilar;
hélices, vibrações, percutem os alicerces;
e o fogo, veloz agora, fende-os, desmorona
toda a arquitectura;
as paredes áridas desabam
mas o seu desenho
sobrevive no ar; sustém-no
a terceira mulher; a última; com os braços
erguidos; com o suor da estrela
tatuada na testa.

SUB SPECIE MORTIS

Salto em altura

I

A primeira forma é ainda
elástica; as outras endurecem
no ar, mais angulosas;
mas todas pesam,
elaborando as leis da queda:
e caem; graves; reduzidas
ao espaço do seu peso;
o voo é o singular abstracto,
melhor, a metáfora das asas,
que subentende coisas
por enquanto sem leis;
mas o plural, os voos, não:
tornam as formas nítidas,
limitam-nas à sua opacidade;
e a cada impulso no ar,
o peso reconduz os corpos
ao início do voo:
os voos são regressos.

II

Diz-se que os anjos voam
doutro modo; leves;

que não levam peso
quando partem:
a nossa miséria já filtrada,
a sua misericórdia imponderável;
flutuam; pairam; vogam:
verbos de pouca densidade;
cânones vigiaram
o crescimento das asas
nas pinturas heréticas;
concílios redigiram normas
a impor asas mais breves:
para que voem; ut volent;
basta a sua essência aérea;
e assim, nenhum anjo sofreu
as leis reais do nosso peso; nem pôde,
por isso, conhecer-nos.

III

No alto, as cumeadas
sustentam os voos dos pastores;
saltos de fraga a fraga; enquanto
as nuvens, os rebanhos,
na sua luz difícil,
duram ainda: apoiados
à mesma substância; terra, ar;
que torna idênticos, ao longe,
o céu, as últimas vertentes;
depois as águas voltam;

caudal fechando o ciclo,
a transumância; e arrastam tudo
às terras baixas, às aldeias
donde os pastores partiram
para subir; nas asas súbitas
do verão; com peso a mais: ovelhas;
merendas duras; a linguagem
densa das camas, dos estábulos.

IV

Começam a nascer
vocábulos velozes; uma gramática
desagregando outra que desconhece
o espaço; e as hospedeiras
do ar; únicos
anjos vivos; ficam
para trás, entregues
a acelerações pesadas,
à descida diária em aeroportos
que as atraem como ímanes;
vocábulos urgentes
abrindo o céu até
ao céu vazio; onde dirigem
os voos já sem peso; embora
uma cápsula regresse;
protectora, materna; e possa vir
apenas confiar-nos os seus
três gémeos mortos.

V

Sente-se a variação
na atmosfera do quarto; uma corrente
de ar? com a porta,
as janelas fechadas?
o sopro vem talvez da estante:
poemas, dicionários;
como se a biblioteca desprendesse
substâncias voláteis; ou
que tentam voar; o frémito,
o pressentimento, acorda
os móveis fascinados; pouco a pouco,
no aro do abat-jour,
onde a diferença é mais sensível,
condensa-se o rumor das primeiras
palavras: afinal, são elas;
e logo que os seus voos;
anteriores à escrita; as precipitam
no papel, começa-se a escrever.

VI

O saltador em altura
conseguiu transpor
os dois metros e vinte;
músculos a ascenderem

só por si; o treino, a obsessão: à neve,
no estádio sem ninguém;
este filme analisa,
ao retardador, cada um dos seus saltos:
o sonho a decompor-se;
a refazer-se; em fotogramas
sucessivos; como disse,
a primeira forma é ainda
elástica; as outras endurecem
no ar, mais angulosas;
mas todas pesam,
elaborando as leis da queda:
e caem; graves; reduzidas
ao espaço do seu peso.

TEMPO VARIÁVEL

DANÇA

I

Dançam na praia;
na orla onde se vai acumulando
uma primeira espuma;
de que surge a segunda;
que segrega, por sua vez,
o antídoto do mar:
usado sobre os rostos,
contra a acidez do sal, do iodo;
e esse trabalho atrasa mais
o movimento já difícil
de quem dança
desde o crepúsculo; talvez
possam chegar à madrugada;
mas não podem
refugiar-se noutra noite,
ao fim do túnel diurno:

II

as máscaras de espuma,
fende-as a luz; e restitui
os rostos sem defesa
à erosão do mar;

alguns estudos sobre o vento
dizem que não regressará
tão cedo a esta praia;
incapaz de transpor a exalação
de fossas e algas; a muralha
que se prolonga, opaca,
às últimas camadas
onde é possível respirar;
e assim, faltando o vento,
essência da leveza, cessa
a progressão aérea
que a dança subentende:

III

sente-se a lentidão, o peso,
minarem cada gesto; e antes
do gesto, a ideia de o fazer;
dançam agora dois a dois,
reconstituem a unidade
cindida ainda há pouco; os pares
mortais; a vocação
de transformar o tempo em rostos;
somam-se duas mortes
e obtém-se uma criança; ela, sim:
resistirá, crescendo,
ao desgaste do dia,
procurará na outra noite
o corpo que define o seu;

protege-a a espuma, a máscara,
até de madrugada; e então,

IV

das duas uma: reproduz-se
também; ou extingue em si
o fluxo da dança;
não é a conjunção dos astros
que comanda tudo,
mas a cor do céu; indecifrável;
embora alguns estudos digam
que há nas suas mutações
um resíduo verde persistente;
e outros, um halo de metal,
quase cinzento, em que repousam;
ou donde se desprendem;
certas cores intermédias;
de qualquer modo, a noite
dificulta os tons, subverte-os
sem se dar por isso;

V

e o silêncio; a máquina
que mói uma energia turva,
a clarifica pouco a pouco
destilando o dia;
tritura nestas engrenagens
simples hipóteses de som;

até a memória recolher
o círculo do sol; no último
momento; quando se dissolvem,
quase simultaneamente,
dança e memória: sob a curva
acesa de regresso ao ponto
onde começa o seu desenho;
chama-se tempo a muita coisa:
mas a duração da praia
é a mais incompreensível.

FOTOMONTAGEM

I

Mais frio do que sombra
em torno dos cabelos:
gotas, lufadas vítreas,
pairam sobre o retrato;
orvalho ou aragem; passam
deixando atrás de si
a luz coalhada do magnésio:
um certo halo
que sugere
respirações visíveis; neve; sons
filtrados pelo frio;
e nessa transparência a evaporar-se,
os cabelos ondulam:
como se alguém abrisse a porta
no momento exacto
em que o obturador é disparado
sobre a serenidade deste rosto;
pirâmides oscilam

II

na paisagem que o calor minou;
o deserto invade-as pela base:
apenas dunas

e uma película exterior de pedra
a sustentá-las;
cactos tão desidratados
que tornam a expandir-se:
formas inchadas no horizonte
procuram alcançar as nuvens;
e estas,
também sem água ou chuva previsível,
flutuam vagarosamente,
cada vez mais altas; e parecem
por fim fixar-se nas fronteiras
do ar;
a neve a rodear a casa,
a assustá-la
com o seu brilho de vidro;

III

um acetato quase branco
onde pulula a poalha
da espiral;
ouve-se a agulha contra o disco;
fio e ácido fervendo,
o sulco iluminado sobe:
curva a desdobrar-se em fumo,
a organizá-lo
noutra espiral; que segue a voz,
a reconduz de quarto em quarto
ao fulcro do pick-up;

o corpo extenso como a viagem
ainda por fazer;
entre margens e reiles congelados;
reflecte a neve, concretiza
uma segunda geometria:
linhas, refracções, entretecendo
no próprio ar

IV

o suporte do ar;
areia, areias minuciosas
infiltram-se no frio
com a intensidade, a sede,
que move cada grão;
bebem por dentro os coágulos de gelo
até desmoronar toda a estrutura
deste brilho; talco talvez;
ou poeira sem fulgor; aquela
que os tectos corroídos
deixam cair, quando o verão
se esboroa também sob as patas do gado;
estes resíduos
absorve-os agora, avidamente,
o mesmo corpo, a mesma rede
vulnerável de poros;
aglutina-se a areia:
e as suas dunas à deriva;

V

sobre o horizonte variável
que o sal assalta, restituindo
a tudo isto
a luz do início;
alcançam para lá da neve
uma aridez salinizada;
a atmosfera enruga-se
como os metais crispados,
sob um frémito
mais corrosivo que o do vento;
a luz deixa de ser a mesma:
devora-se a si própria,
amarelece o retrato pouco a pouco;
enquanto o magnésio
entra no seu crepúsculo;
e a imagem,
exposta a um ácido excessivo,
começa a decompor-se.

De *Micropaisagem*[1]

[1] 1ª edição, Publicações Dom Quixote, Lisboa, 1968.

ESTALACTITE

I

O céu calcário
duma colina oca,
donde morosas gotas
de água ou pedra
hão-de cair
daqui a alguns milénios
e acordar
as ténues flores
nas corolas de cal
tão próximas de mim
que julgo ouvir,
filtrado pelo túnel
do tempo, da colina,
o orvalho num jardim.

II

Imaginar
o som do orvalho,
a lenta contracção
das pétalas,
o peso da água
a tal distância,
registar
nessa memória
ao contrário

o ritmo da pedra
dissolvida
quando poisa
gota a gota
nas flores antecipadas.

III

Se o poema
analisasse
a própria oscilação
interior,
cristalizasse
um outro movimento
mais subtil,
o da estrutura
em que se geram
milénios depois
estas imaginárias
flores calcárias,
acharia
o seu micro-rigor.

IV

Localizar
na frágil espessura
do tempo,
que a linguagem
pôs
em vibração,

o ponto morto
onde a velocidade
se fractura
e aí
determinar
com exactidão
o foco
do silêncio.

V

Espaço
para caírem
gotas de água
ou pedra
levadas
pelo seu peso,
suaves acidentes
da colina
silenciosa para
a cal
florir
nesta caligrafia
de pétalas
e letras.

VI

Algures
o poema sonha
o arquétipo

do voo
inutilmente
porque repete
apenas
o signo, o desenho
do outono
aéreo
onde se perde a ave
quando vier
o instante
de voar.

VII

O pulsar
das palavras,
atraídas
ao chão
desta colina
por uma densidade
que palpita
entre
a cal
e a água,
lembra
o das estrelas
antes
de caírem.

VIII

Caem
do céu calcário,
acordam flores
milénios depois,
rolam
de verso
em verso
fechadas
como gotas,
e ouve-se
ao fim
da página
um murmúrio
orvalhado.

IX

Imaginar
o som do orvalho,
transmiti-lo
de flor para flor,
guiá-lo
através do espaço
gradualmente espesso
onde se move
agora
[água → cal],

e captá-lo como
se nascesse
apenas
por ser escrito.

X

A lenta
contracção
das pétalas,
a tensa construção
de algo
mais denso,
de algas
ritmadas
na corola que
se defende
e concentra
contra a acção
dum mar
de microscópio.

XI

O peso
da água
a tal distância
é quase
imperceptível,
porém pesa,
paira,

poisa no papel
um passado
de pedra
[cal ← colina]
que queima
quando
cai.

XII

Registar
nessa memória
ao contrário
de trás
para diante
as palavras
que ficam
assim
misteriosas
e depois
soletrá-las
do fim
para
o princípio,

XIII

olhá-las
como imagens
no espelho
que as reflecte

de novo
compreensíveis
e tornar
a juntá-las
obsessivamente
ao ritmo da pedra
dissolvida
quando poisa
gota a gota
nas flores antecipadas,

XIV

perdê-las
entre { a cal
        e a água
espaço
de tensões obscuras
que passa
pelo cristal
esquivo
entre { a cal
        e a água
reavê-las
num grau de pureza

XV

extrema,
insuportável,

quando
o poema
atinge
tal
concentração
que transforma
a própria
lucidez
em energia
e explode
para sair
de si:

XVI

não pode
com mais silêncio
oculto
e então
a força
contraída
age
ao inverso
do excesso
em que se contraiu,
com o impulso
elástico
da estrela
tão

XVII

cheia
de luz,
que cintila
uma última
vez
e rebenta,
incapaz
de conter
a sua forma
logo
que a cintilação
a expande
um pouco
mais

XVIII

no céu
calcário,
a faz
transpor
a linha do horizonte
interior,
o momento
em que a dilatação
se ultrapassa
a si mesma
e transgride
o limite

da estabilidade,
o equilíbrio

XIX

que torna as coisas
coesas.

Espaço
para rolarem
gotas de água
ou pedra
levadas
pelo seu peso,
bruscos acidentes
da colina
para pulverizarem,
numa caligrafia
de letras
vagueando

XX

no ar
que a explosão
desloca,
o cristal
incerto do poema
entre
a água
e a cal,

o impreciso
som
milénios depois
[ou antes]
de se ouvir.

Algures

XXI

esta poeira
lenta
hesita em regressar
ao chão
[o poema
sonha ainda
o arquétipo
do voo],
mas cai
e localiza
na cal
o ponto morto
que propaga
o silêncio

XXII

dentro da colina
povoada
outra vez
por colunas morosas

que o frio adensou
num gelo
suspenso
onde as flores
esquecem
obsessivamente
o instante
de acordar
as ténues corolas:

o crepúsculo

XXIII

entrando
poro a poro
pela mão
que escreve,
encaminhando-a
entre
a pouca luz
do texto
à sílaba inicial
da única palavra
que é
ao mesmo tempo
água e pedra: sombra,
som [...],

XXIV

enquanto
a vagarosa
escultura do mundo,
a vaga rosa
modelando
as flores
adiadas na cal
escurece também
e o seu caule
esquivo
se desfaz
em som[bra]
apenas
por ser escrito.

ÁRVORE

I

As raízes da árvore
rebentam
nesta página
inesperadamente,
por um motivo
obscuro
ou sem nenhum motivo,
invadem o poema
e estalam
monstruosas
buscando qualquer coisa
que está
em estratos
fundos,

II

talvez poços,
secretas
fontes primitivas,
depósitos, recessos
onde haja
um pouco de água
que as raízes
procuram

de página
em página
com a sua obsessão,
múltiplos filamentos
trespassando
o papel,

III

seguindo o fio
da tinta
que desenha
as palavras
e tenta
fugir ao tumulto
em que as raízes
grassam,
engrossam, embaraçam
a escrita
e o escritor:

como podem
crescer
de tal modo

IV

no poema,
se a árvore
foi dispersa

em pranchas de soalho,
em móveis e baús
que fecham
para sempre
coisas
tão esquecidas,
como podem
romper
de súbito impetuosas
na aridez
do livro

V

e perseguir-me
assim,
se a areia
donde vêm
já vitrificada
pelo tempo
oculta
a árvore
que morreu:

procuram
instalar-se
no interior da linguagem
ou substituí-la
por uma
infiltração

VI

quase
mortalizante:
mas
de repente
como apareceram
as raízes sossegam
[que terão
encontrado?]
e retiram
com o mesmo fluxo
do mar que se retrai
e deixa
atrás de si
silêncio:

VII

é então que vejo
no halo mais antigo
a árvore desolada,
os ramos em que poisam
as aves
doutros livros,
e pressinto
as raízes
através da sílica
onde a família dorme
com os ossos dispostos

nessa arquitectura
duvidosa
de símbolos

VIII

que chegaram
aqui
de mão em mão
para caberem todos
na constelação
exígua
que fulgura
no canto do quarto:
o baú ponteado
como o céu
por tachas amarelas,
por estrelas
pregadas na madeira
da árvore.

DEBAIXO DO VULCÃO

> alguém atirou um cão
> morto às profundidades
>
> *Malcolm Lowry*

I

Malcolm
Lowry: vivo
mal como Lowry,
bebo
bem como Mal-
colm, como
mal como
Malcolm
come:
álcool
Malcolm, al
coolm,
ó
alcolmalcolm,

II

ó frígida
tequilla
no sopé do vulcão
por onde

o vulnerável cão
do espírito
ladra
e lavra
a essência
recôndita
do álcool:
conte-a
a bebidíssima
exigência

III

do meu
último copo,
sempre o último,
cante-a
o ex-extinto
vulcão
e por instinto
o vulnerável
cão,
ou plante-a
o próprio Lowry,
frágil,
entre lava
e neve:

IV

tépido mescal
para inventar
a mescaligrafia
gémea do som
ou da sombria
pauta musical
onde as notas florescem
em breves,
compactas corolas,
e hastes
que sobem, descem
esguiamente
os degraus
dum jardim,

V

enquanto
os índios passam
depressa
mas de pedra,
ficam
antepondo-se
ao norte
que fabrica
os países
com vidro,
com vinho, com visões

de videiras vitais
debaixo
do vulcão,

VI

ó tépida tequilla,
existe ainda
o amor
e o vulnerável cão
do espírito
que lavra
cada palavra
oculta
por pudor
e a ladra
inutilmente
dentro
da garganta
vazia,

VII

frígido mescal
como um galope
na floresta
de vinho e vidro,
filtro
litro a litro,

animal,
animais,
e mais e só
o dorido espírito
do álcool,
Malcolm,
entre neve
e lava:

VIII

os índios passam,
bebo, ficam
na sombria
pauta musical,
e o vulnerável cão
do amor
sossega pelo menos
um instante,
enquanto
os índios
sobem, descem
esguiamente
os degraus
das pirâmides.

FOGO

I

O fósforo
acende o cigarro
e traz
ao horizonte
do poema
sombras,
nuvens
[tenuidades perpassando
no papel
sobre a arquitectura
ainda húmida
da escrita
com essa
velocidade

II

que um pouco
de fulgor impele
para dizer
como o último sol
as acompanha
e o inverno
se dirige

às micro-cidades
silenciosas, às páginas
quase vazias]
nuvens,
sombras
que entristecem
Orfeu:

III

"o meu canto,
Euridice,
esgota-se por fim
na água exígua
das sílabas que vês
aqui
d esp
ed aç ad
a s
entre as chamas
dum inferno
menor
que o fogo
deste fósforo".

MAPA

I

O poeta
[o cartógrafo?]
observa
as suas
ilhas caligráficas
cercadas
por um mar
semmarés,
arquipélago
a que falta
vento,
fauna, flora,
e o hálito húmido
da espuma,

II

pensando
que
talvez alguma
ave errante
traga
à solidão
do mapa,

aos recifes desertos,
um frémito,
um voo,
se for possível
voar
sobre tanta
aridez.

ESPAÇO

I

"A noite
impôs ao céu
uma servidão
de inúmeras
estrelas",
e a via láctea
aprende
como nasce
um cometa
dilacerante,
"que o meu corpo
se despedace
nas pontas
das estrelas",

II

aprende
em silêncio
quando o tiro
[outro cometa
com a súbita
cabeleira
em chamas] passa

pelo espaço
trémulo
dum coração:
"que paz
no universo".

"Flauta
de vértebras"

III

descongelando
os rios
para a água
fluir livremente,
para os barcos
transportes
duma indústria futura
passarem
e a canoa
do amor flutuar
ou perder-se,
perdeu-se
no mar
quotidiano,

IV

"é inútil
lembrarmo-nos

das dores,
das desgraças,
dos erros
recíprocos",
som
repercutindo
nesta gruta
calcária
onde ninguém
"fala aos séculos,
à história,
ao universo"

V

e resíduos
de "reservas
poéticas",
detritos
apenas, descrevem
o rumor, a surdina
das coisas
sufocadas, transcrevem
o musgo,
o líquen,
as flores esboçadas
na cal, emudecem
verso
a verso,

VI

mas
conheço "a existência
na sociedade
de problemas
cuja solução
só pode imaginar-se
através
duma obra poética",
conheço tudo
menos
as vértebras
que o tiro
parte, depois
de depor

VII

no coração
a via láctea
apagada, sei
"a aliteração
e a assonância"
livros, lírios
e lágrimas,
lápides
líquidas nos rios
descongelados,
constelados

pelo gelo
que desce
do espaço

VIII

quando o outono
chega
à outra
via láctea,
"palavras necessárias,
expressivas, raras,
inventadas, compostas",
etc., menos
a estepe,
o fluido
que amplifica
esta flauta
de vértebras,
desenho-lhe

IX

as sílabas
do nome
nos caracteres
originais
Владимир
Маяковский
e volto

à cripta,
ao murmúrio.

"Na noite
como" tejos
"de prata fluem"
constelações,
talvez,

X

mas aqui
não irrompe
sequer a única
forma possível
de imitar
um astro
ras–gan–do
com a sua
cabeleira em chamas
o espaço
trémulo
do coração:
que silêncio
no livro.

De *Sobre o Lado Esquerdo*[2]

---

2. 1ª edição, Iniciativas Editoriais, Lisboa, 1968.

LOOK BACK IN ANGER

Podia ser a névoa habitual da noite, os charcos cintilantes, o luar trazido por um golpe de vento às trincheiras da Flandres, mas não era. Quando acordou mais tarde num hospital da retaguarda, ensinaram-no a respirar de novo. Lentas infiltrações de oxigénio num granito poroso, durante anos e anos, até à imobilidade pulmonar das estátuas.

Hoje, um dos seus filhos sobe ao terraço mais obscuro da cidade em que vive e olha o passado com rancor. O sangue bate, gota a gota, na pedra hereditária dos brônquios e ele sabe que é o mar contra os rochedos, a pulsação difícil das algas ou dos soldados mortos nessa noite da Flandres.

As imagens latentes, penso eu, porque sou eu o homem na armadilha do terraço difuso, entrego-as às palavras como se entrega um filme aos sais da prata. Quer dizer: numa pura suspensão de cristais, revelo a minha vida.

INSTANTE

Esta coluna
de sílabas mais firmes,
esta chama
no vértice das dunas
fulgurando
apenas um momento,
este equilíbrio
tão perto da beleza,
este poema
anterior
ao vento.

ESTRELAS

O azul do céu precipitou-se na janela. Uma vertigem, com certeza. As estrelas, agora, são focos compactos de luz que a transparência variável das vidraças acumula ou dilata. Não cintilam, porém.
Chamo um astrólogo amigo:
"Então?"
"O céu parou. É o fim do mundo".
Mas outro amigo, o inventor de jogos, diz-me:
"Deixe-o falar. Incline a cabeça para o lado, altere o ângulo de visão".
Sigo o conselho: e as estrelas rebentam num grande fulgor, os revérberos embatem nos caixilhos que lembram a moldura dum desenho infantil.

POSTO DE GASOLINA

Poiso a mão vagarosa no capô dos carros como se afagasse a crina dum cavalo. Vêm mortos de sede. Julgo que se perderam no deserto e o seu destino é apenas terem pressa. Neste emprego, ouço o ruído da engrenagem, o suave movimento do mundo a acelerar-se pouco a pouco. Quem sou eu, no entanto, que balança tenho para pesar sem erro a minha vida e os sonhos de quem passa?

COLAGEM

com versos de Desnos, Maiakovski e Rilke

Palavras,
sereis apenas mitos
semelhantes ao mirto
dos mortos?
Sim,
conheço
a força das palavras,
menos que nada,
menos que pétalas pisadas
num salão de baile,
e no entanto
se eu chamasse
quem dentre os homens me ouviria
sem palavras?

CARLOS DRUMMOND DE ANDRADE

Sabe lavrar
o vento
onde prosperam
o seu milho, o seu gado,
fazendeiro do ar habituado
ao arquétipo escrito
da lavoura,
meu orgulho onomástico
deixado
na outra margem do mar
quando parti
para cuidar das lavras deste lado
e silabicamente
me perdi.

DESENHO INFANTIL

I

Os animais no alvorecer, os gritos reflectidos num plafond mais denso da neblina e devolvidos aos chiqueiros, sob a forma de raios que fulminam o gado, para subir de novo como gritos à bruma impermeável e tornar a descer: na madrugada, a aprendizagem da criança começa pela dor, que se desdobra sem descanso e a partir de si mesma.

II

Os camponeses, esses, destinados às sepulturas rasas, aos estratos de mortos sobre mortos, servem-se do pinho, dos adobes (materiais perecíveis), erguem casas na lama, manuseiam utensílios tão rudimentares como a charrua de madeira. Passam sobre a areia e as pègadas somem-se depressa, "mas carregam aos ombros a pedra do meu lar (pensa a criança obscuramente) e a minha lápide futura".

III

É fácil ver ainda nos cadernos escolares, no espólio que as razões de família acautelaram em arcas protectoras, a cólera das cores, a impaciência dos traços que rasgam o papel: imaginava dunas ocres, chuva a desabar num ímpeto castanho, animais de chifres encarnados resistindo à matança, lobisomens com a violência azul dos cavadores a levantar a enxada, sóis estilhaçados, como se a luz batesse nas janelas e a criança as partisse.

IV

Ao crepúsculo, desceu enfim a escada e entrou na atmosfera espessa do corredor; parecia flutuar; tinha o rosto sombrio, os cabelos caídos para os olhos e jurara nunca mais comer carne, mesmo que fosse condenado toda a vida às ampolas de soro nutritivo diluídas em leite.

Empurrou devagar a porta da cozinha, onde o fogo tornava o cobre cor de sangue, e lembrou-se outra vez dos bichos imolados sobre as lajes do pátio. Havia um vulto debruçado para o lume, uma criada com certeza, entregue ao ritual das chamas: alimento, calor, sobrevivência diária.

Continuou em frente no mesmo passo aéreo e saiu da cozinha; se alguém o visse agora pensaria num caso de sonambulismo: "quando acordar regressará"; talvez, mas as palavras hesitam de repente, incertas, disjuntivas, e o poema esboroa-se no rasto da criança.

PAPEL

Pego na folha de papel, onde o bolor do poema se infiltrou, levanto-a contra a luz, distingo a marca de água (uma ténue figura emblemática) e deixo-a cair. Quase sem peso, embate na parede, hesita, paira como as folhas das árvores no outono (o mesmo voo morto, vegetal) e poisa sobre a mesa para ser o vagaroso estrume doutro poema.

CINEMA

I

O écran petrificado,
muros, ossos,
o movimento áspero da câmara
mergulhando nos poços
das leis universais,
o rigoroso cálculo da luz
em que a matéria já cansada,
autómatos, metais,
se envolve pouco a pouco
no vagaroso amor
que é o trabalho quase imperceptível
das manchas de bolor,
a ferrugem, o espaço rarefeito,
e um relógio apressado no meu peito.

II

A lentidão da imagem
faz lembrar
o automóvel na garagem,
o suicídio com o gás do escape,
quer dizer,
o coração vertiginoso
e a lentidão do mundo
a escurecer
nas bobines veladas

dos suaves motores crepusculares
ou, por outras palavras,
flashes, combustões,
entregues ao acaso das artérias,
melhor, das pulsações.

III

Radioscopia incerta
como nós,
mas provável, exacta
na dosagem da sombra com o cálcio
da sua arquitectura
milimetricamente interior,
transforma-se o espectáculo
por fim
no próprio espectador
e habita agora
a fluidez do sangue:
cada imagem de fora,
presa ao fotograma que já foi,
de glóbulo em glóbulo se destrói.

DUNAS

Contar os grãos de areia destas dunas é o meu ofício actual. Nunca julguei que fossem tão parecidos, na pequenez imponderável, na cintilação de sal e oiro que me desgasta os olhos. O inventor de jogos meu amigo veio encontrar-me quase cego. Entre a névoa radiosa da praia mal o conheci. Falou com a exactidão de sempre:

"O que lhe falta é um microscópio. Arranje-o depressa, transforme os grãos imperceptíveis em grandes massas orográficas, em astros, e instale-se num deles. Analise os vales, as montanhas, aproveite a energia desse fulgor de vidro esmigalhado para enviar à Terra dados científicos seguros. Escolha depois uma sombra confortável e espere que os astronautas o acordem".

LAVOISIER

Na poesia,
natureza variável
das palavras,
nada se perde
ou cria,
tudo se transforma:
cada poema,
no seu perfil
incerto
e caligráfico,
já sonha
outra forma.

SONETO FIEL

Vocábulos de sílica, aspereza,
Chuva nas dunas, tojos, animais
Caçados entre névoas matinais,
A beleza que têm se é beleza.

O trabalho da plaina portuguesa,
As ondas de madeira artesanais
Deixando o seu fulgor nos areais,
A solidão coalhada sobre a mesa.

As sílabas de cedro, de papel,
A espuma vegetal, o selo de água,
Caindo-me das mãos desde o início.

O abat-jour, o seu luar fiel,
Insinuando sem amor nem mágoa
A noite que cercou o meu ofício.

SOBRE O LADO ESQUERDO

De vez em quando a insónia vibra com a nitidez dos sinos, dos cristais. E então, das duas uma: partem-se ou não se partem as cordas tensas da sua harpa insuportável.

No segundo caso, o homem que não dorme pensa: "o melhor é voltar-me para o lado esquerdo e assim, deslocando todo o peso do sangue sobre a metade mais gasta do meu corpo, esmagar o coração".

De *Cantata*[3]

---

[3]. 1ª edição, Iniciativas Editoriais, 1960. Este livro é considerado um divisor de águas na obra de Carlos de Oliveira.

VENTO

As palavras
cintilam
na floresta do sono
e o seu rumor
de corças perseguidas
ágil e esquivo
como o vento
fala de amor
e solidão:
quem vos ferir
não fere em vão,
palavras.

BOLOR

Os versos
que te digam
a pobreza que somos
o bolor
nas paredes
deste quarto deserto
os rostos a apagar-se
no frémito
do espelho
e o leito desmanchado
o peito aberto
a que chamaste
amor.

SONETO

Rudes e breves as palavras pesam
mais do que as lajes ou a vida, tanto,
que levantar a torre do meu canto
é recriar o mundo pedra a pedra;
mina obscura e insondável, quis
acender-te o granito das estrelas
e nestes versos repetir com elas
o milagre das velhas pederneiras;
mas as pedras do fogo transformei-as
nas lousas cegas, áridas, da morte,
o dicionário que me coube em sorte
folheei-o ao rumor do sofrimento:
ó palavras de ferro, ainda sonho
dar-vos a leve têmpera do vento.

NÉVOA

A morte
em flor
dos camponeses
tão chegados à terra
que são folhas
e ervas de nada
passa no vento
e eu julgo ouvir
ao longe
nos recessos da névoa
os animais feridos
do Início.

FÓSSIL

A pedra
abriu
no flanco sombrio
o túmulo
e o céu
duma estrela do mar
para poder sonhar
a espuma
o vento
e me lembrar agora
que na pedra mais breve
do poema
a estrela
serei eu.

INFÂNCIA

Sonhos
enormes como cedros
que é preciso
trazer de longe
aos ombros
para achar
no inverno da memória
este rumor
de lume:
o teu perfume,
lenha
da melancolia.

SONETOS DO REGRESSO

I

Volto contigo à terra da ilusão,
mas o lar de meus pais levou-o o vento
e se levou a pedra dos umbrais
o resto é esquecimento:
procurar o amor neste deserto
onde tudo me ensina a viver só
e a água do teu nome se desfaz
em sílabas de pó
é procurar a morte apenas,
o perfume daquelas
longínquas açucenas
abertas sobre o mundo como estrelas:
despenhar no meu sono de criança
inutilmente a chuva da lembrança.

II

Acordar, acender
o rápido lampejo
na água escusa onde rola submersa
como o lodo no Tejo
a vida informe, o peso dúbio
desse cardume denso ou leve
que nasce em mim para morrer
no mar da noite breve;
dormir o pobre sono

dos barbitúricos piedosos
e acordar, acender
os tojos caudalosos
nesta areia lunar
ou, charcos, nunca mais voltar.

OIRO

O dia acende
o teu olhar
e não te deixa
adormecer
sem que essa luz
seja cravada
pelo punhal do sol
na eternidade,
halo breve
e doirado
como o poema.

De *Terra de Harmonia*[4]

---

4. 1ª edição, Centro Bibliográfico, Lisboa, 1950. Este livro sofreu modificações nas edições seguintes. Transcrevemos os poemas pela edição de *Obras*, 1992.

INSÓNIA

Penso que sonho. Se é dia, a luz não chega para alumiar o caminho pedregoso; se é noite, as estrelas derramam uma claridade desabitual.

Caminhamos e parece tudo morto: o tempo, ou se cansou já desta longa caminhada e adormeceu, ou morreu também. Esqueci a fisionomia familiar da paisagem e apenas vejo um trémulo ondular de deserto, a silhueta carnuda e torcida dos cactos, as pedras ásperas da estrada.

Chove? Qualquer coisa como isso. E caminhando sempre, há em redor de nós a terra cheia de silêncio.

Será da própria condição das coisas serem silenciosas agora?

ÁRVORES

Camponês, que plantaste estas árvores reais como pássaros vivos na verdura autêntica das ramagens, sabias bem que nada valem as asas fulvas e imaginárias nas florestas do tempo.

Tu sim, que concebeste todas estas folhas, flores e frutos, toda esta terra de harmonia – no tamanho duma semente mais pequena que o coração das aves.

CARTA DA INFÂNCIA

Amigo Luar:

Estou fechado no quarto escuro
e tenho chorado muito.
Quando choro lá fora
ainda posso ver as lágrimas caírem na palma das
    minhas mãos e brincar com elas ao orvalho
    nas flores pela manhã.
Mas aqui é tudo por demais escuro
e eu nem sequer tenho duas estrelas nos meus
olhos.
Lembro-me das noites em que me fazem deitar tão
    cedo e te oiço bater, chamar e bater, na fresta
    da minha janela.
Pelo muito que te tenho perdido enquanto durmo
vem agora,
no bico dos pés
para que eles te não sintam lá dentro,
brincar comigo aos presos no segredo
quando se abre a porta de ferro e a luz diz:
bons dias, amigo.

A ILHA

para a Ângela

A ilha era deserta e o mar com medo
de tanta solidão já te sonhava:
ia em vento chamar-te para longe
e longamente em espuma te esperava.

À cinza dos rochedos atirava
na grande madrugada adormecida,
já saudosos de ti, os braços de água,
sem ter acontecido a tua vida.

Sim, meu amor, antes de Zarco vir
provar o sumo e o travo à solidão,
no litoral de pedra pressentida
o mar imaginava esta canção.

E as lúcidas gaivotas desse tempo
talhavam como um voo o teu amor:
o início de lava e sal que deixa
(talvez) neste poema algum esplendor.[5]

---

[5] Em relação a esse poema, há a seguinte nota na edição de *Obras*, 1992, que reproduzimos.
A ilha hoje é um paraíso inglês
de orquídeas e renques orvalhados:
mister X e a cana do açúcar
mister Y, bancos, luz, bordados.
Ó Cesário, pudesses tu voltar
e deste cais onde não há varinas
ver os garotos na água a implorar
(*sir, one penny*) o oiro das neblinas.

RETRATO DO AUTOR
POR CAMILO PESSANHA (Colagem)

A cinza arrefeceu sobre o brasido
das coisas não logradas ou perdidas:
olhos turvos de lágrimas contidas,
eu vi a luz em um país perdido.

ELEGIA DA EREIRA

São as aves demais para chorar?

Afonso Duarte

À luz
deste azeite estelar
a que chamam luar
e que é apenas o fulgor
da cal a evaporar-se
com os ossos humanos,
são as aves
o menos que choramos.

Lágrimas desprendidas
dum olhar terrestre
que a loucura escurece,
lá vamos nós,
lá somos, mestre,
aquelas sombras flutuando no luar.

E no entanto a terra,
esse magoado coração do espaço,
chama ainda por nós.

Que lhe diremos, mestre,
tão pobres e tão sós.

VISÃO DE JOSÉ GOMES FERREIRA NO VANDERMAN

Nos cimos,
onde a água esperava o momento de vir lavar
 os homens,
Você viu
por um súbito rasgão da insónia
os animais miúdos comidos pelos maiores, os
 maiores comidos pelos homens, os homens
 roídos pela antropofagia e pelos dentes
 amarelos das estrelas.
Desde então,
o seu remorso brota de cada gota-recordação do
 Vanderman
e o tempo, devorando as estrelas, engorda mais
 com as grandes patas fulvas atoladas em
 nossos corações,
essa lama de sangue.

O CÍRCULO

Caminho em volta desta duna de cal, ou dum sonho mais parecido com ela do que a areia, só para saber se a áspera exortação da terra, o seu revérbero imóvel na brancura, pode reacender-me os olhos quase mortos.

O que eu tenho andado sobre este círculo incessante; e ao centro o pólo magnético ainda por achar, a estrela provavelmente extinta há muito, possivelmente imaginada, conduz-me sem descanso, prende-me como um íman ao seu rigor já cego.

O FUNDO DAS ÁGUAS

Adensam-se as formas vagas, surdindo tumultuariamente de não sei quê desesperado ainda como o mundo dos princípios; adensam-se os elementos, os vendavais, a aspereza do ferro, do cálcio, da lava, a fereza biológica dum fundo que não tem outro destino senão explodir.

Estou a sentir na sombra: um rumor de larvas e sementes, o amor de que sou capaz pela vida e pelos outros; o esboçar dalguma flor negra acordando, um ritmo de versos; caprichos da botânica ou desvios da alma; o vento da harmonia submerso entre caules sanguíneos e rugosos; a breve tempestade das conchas e dos peixes, a grande solidariedade que vos devo.

O que me espanta é a aceitação de cada dia. E desta angústia vou tecendo as palavras, desta água salgada e doce como as lágrimas e o sangue. Tecendo escuramente as palavras.

QUANDO A HARMONIA CHEGA

Escrevo na madrugada as últimas palavras deste livro: e tenho o coração tranquilo, sei que a alegria se reconstrói e continua.

Acordam pouco a pouco os construtores terrenos, gente que desperta no rumor das casas, forças surgindo da terra inesgotável, crianças que passam ao ar livre gargalhando. Como um rio lento e irrevogável, a humanidade está na rua.

E a harmonia, que se desprende dos seus olhos densos ao encontro da luz, parece de repente uma ave de fogo.

De *Colheita Perdida*[6]

---

6. 1ª edição, Colecção Galo, Coimbra, 1948. Este livro sofreu modificações nas edições seguintes. Transcrevemos os poemas pela edição de *Obras*, 1992.

VIAGEM ENTRE VELHOS PAPÉIS

RUMOR DE ÁGUA

Rumor de água,
na ribeira ou no tanque?

O tanque foi na infância
minha pureza refractada.
A ribeira secou no verão.

Rumor de água
no tempo e no coração.

Rumor de nada.

SESTA

Dentro do bosque
os passos dum caçador.
Dentro da sombra
a cobra do calor.

E dentro do meu sono
outro sono maior.

Estalando as folhas secas
vai a cobra invisível.

Nas mãos do caçador
ainda a vida é plausível.

Só dentro do meu sono
toda a morte é possível.

TEMPO

O tempo é um velho corvo
de olhos turvos, cinzentos.
Bebe a luz destes dias só dum sorvo
como as corujas o azeite
dos lampadários bentos.

E nós sorrimos,
pássaros mortos
no fundo dum paul
dormimos.

Só lá do alto do poleiro azul
o sol doirado e verde,
o fulvo papagaio
(estou bêbedo de luz,
caio ou não caio?)
nos lembra a dor do tempo que se perde.

A NOITE INQUIETA

Só, em meu quarto, escrevo à luz do olvido;
deixai que escreva pela noite dentro:
sou um pouco de dia anoitecido
mas sou convosco a treva florescendo.

Por abismos de mitos e descrenças
venho de longe, nem eu sei de aonde:
sou a alegria humana que se esconde
num bicho de fábulas e crenças.

Deixai que conte pela noite fora
como a vigília é longa e desumana:
doira-me os versos já a luz da aurora,
terra da nova pátria que nos chama.

Nunca o fogo dos fáscios nos cegou
e esta própria tristeza não é minha:
fi-la das lágrimas que Portugal chorou
para fazer maior a luz que se avizinha.

Sinto um rumor de tempo sobre as casas
e detenho-me um instante: que rumor?
são aves de tormenta? ou são as asas
dum povo que passou o mar e a dor?

É um clamor de pedras e de coisas
que no seio da sombra têm voz?

ressurreição de estrelas e de lousas,
armas do mundo erguendo-se por nós?

E assim escrevendo, solto a vida presa
nos vultos que em tumulto me visitam:
tenho livros abertos sobre a mesa
com páginas silenciosas que meditam.

Abertos como frutos, como factos
onde busco a verdade, a luz latente:
livros simples, cálidos, exactos,
com sonhos que a insónia me consente.

No mundo exíguo dum caixilho breve
fito o teu rosto, ó meu amor do mar,
e dos teus olhos bebo o vinho breve
dum torrencial e súbito luar.

As marés em redor da tua ilha;
o pequeno arquipélago na paz
da solidão marinha; a maravilha
do jeito de onda que o teu corpo faz.

Sobre o pálido estuque da parede,
como um espelho da minha própria imagem,
uma seara de Van Gogh morre à sede
no óleo espesso e fulvo da estiagem.

Ao calor do céu de tela passa,
arrancando pedaços de céu velho,
um bando de aves que pressente a ameaça
no horizonte de cor, raso e vermelho.

E de repente dou comigo absorto,
as mãos entre papéis de antigos versos,
soprando um lume que supunha morto
e aquece ainda os dias já submersos.

Ó mãos inquietas, porque não parais?
Mais do que penso, sonho: donde vim?
e as pupilas do tempo, azuis, mortais,
acordam a chorar dentro de mim.

Mais do que sonho, escrevo: as almas dúbias,
pelas florestas onde rumorejam
os velhos génios, o rumor ilude-as
e perde-se em desdém o que desejam.

O resto é um silêncio vegetal
com movimentos secos nas esgalhas:
as florestas e o sono natural
que tu, ó morte, sobre tudo espalhas.

Sono de ramos, de flores silvestres,
com saudade de pássaros e abelhas,

aberta já nas árvores agrestes
a lenta solidão das coisas velhas.

E boiando por lagos mortos, como
qualquer corpo infantil que se afogou,
o tempo sem memória é o outro sono
no contorno do espaço que gelou.

Nos vãos do céu os animais de fogo
dormem como os bichos pela serra,
e entre os tojos alados o seu fôlego
é um silvo de nuvens contra a terra.

No outro pólo da altura as derradeiras
fontes imaginam chãos aéreos:
e sonham, sob o voo das toupeiras
ou das nuvens de cal nos cemitérios.

Ao alto, imprevisíveis tempestades
e um difícil limite a conceber;
debaixo grutas e profundidades,
estruturas a criar e a apodrecer.

À flor do escuro, como sobre as ondas
uma espuma de fogo levantando
águas acesas, quem não ouve o som
das pedras e das árvores flutuando?

Contra as lapas de fraga ásperas e brutas,
o gado guarda o medo dos pastores

que sentem lobos, ao luar das grutas,
amando-se entre a terra e o terror.

A sombra tece do seu visco as flácidas
membranas que sustêm os morcegos;
e, enormes como bois, às rãs plácidas
serve-lhes de canga a escuridão dos pegos.

Com ombros onde poisam aves negras
campónios atravessam lodaçais
e o enxofre de mil estrelas cegas
queima devagar os laranjais.

Pelos campos há moiras verdadeiras
encantadas no suor que a monda pede:
oiço-lhes a voz no choro das ceifeiras
quando o próprio calor chora de sede.

Quando as pedras estalam a gritar
e os cardos sonham margens de altos rios;
quando a sede põe a água num altar
e ajoelha como a um deus de lábios frios.

Os troncos crescem cheios de carbúnculos
aos lenhadores que pedem árvores sãs;
e há velhos cegos que a entrar nos túmulos
poupam ainda o oiro das manhãs.

Há uma gota de fogo em cada estrela,
cóleras de sol pelos astros fora:

é a noite inquieta, aos brados na janela,
que assim chama por mim, ou assim me ignora?

E quanto mais estendo as mãos urgentes,
mais um dúbio fulgor acende o vento:
podes descer silenciosamente
sobre os meus versos, luz do esquecimento.

OUTROS POEMAS

PESADELO

Terra vista dos astros, breve e nua,
na luz de azebre flutua
lembrando qualquer coisa violada
que à lenta luz boiasse, abandonada.

Como a madeira onde o caruncho brame,
vermes ressoam pelo imenso fluido
e um murmúrio apavorado flui do
planeta, como se rangesse entre dentes de arame.

Andam os mortos enfeitando-se ao frio,
servindo-se das árvores para ter cabelos;
deslizam ao fulgor das estrelas, loiros, amarelos,
e fitam-se no tempo, ou no espelho dum rio?

As florestas que daqui conheço, minerais,
são as manchas da terra alucinadas,
cardumes de mendigos ao poente nas estradas,
nódoas só para os olhos astrais.

No silêncio longínquo das sementes
apenas se ouve germinar o eco
de multidões remotas e dementes
uivando sobre um campo curvo, seco.

E esses clarões visíveis
que recordam o enxofre na garganta dos vulcões
são os senhores da guerra e os seus canhões,
as forjas de Wall Street e os vulcanos temíveis.

Já o fulgor mortal, azeitado,
dum presumível gás
alastra sobre o astro deitado
na suspensão intáctil em que jaz.

E a nuvem cor de verdura apodrecida,
forma de névoa sufocante,
vai, gradual, tornando dúbia e hesitante
a hipótese da vida.

Lá onde é possível, mais
que em qualquer outro chão do espaço sujo,
erguer sobre alicerces excepcionais
a pátria do refúgio.

De *Mãe Pobre*[7]

---

[7] 1ª edição, Coimbra Editora, 1945. Este livro sofreu modificações nas edições seguintes. Transcrevemos os poemas pela edição de *Obras*, 1992.

CORAÇÃO[8]

1

Tosca e rude poesia,
meus versos plebeus
são corações fechados,
trágico peso de palavras
como um descer da noite
aos descampados.

Ó noite ocidental,
que outra voz nos consente
a solidão?
Cingidos de desprezo,
somos os humilhados
cristos desta paixão.

E quanto mais nos gelar a frialdade
dos teus inúteis astros,
mortos de marfim,
mais e mais, génio do povo,
tu cantarás em mim.

2

Olhos do povo que cismais chorando,
olhos turvos de outrora,
chegai-vos ao calor que irá secando
o coração – da chuva que em nós chora.

---

8. Dessa série "Coração", foram escolhidos os dois primeiros poemas de quatro, no total.

ODES[9]

3
Fosse outro o mundo e outra a comum fortuna,
nunca a lágrimas comprado o pão da vida
e no estrume do coração colhida
fosse por fim achada a flor da sina:
seios, irmãos da concha dos meus dedos,
seria então a cor da minha boca o roxo em teus
[mamilos.
Mas assim, meu amor, pra que degredos
gerarias em carne a nossos filhos?
pra que fome de sonhos e ínvios trilhos?

---

9. É uma série de quatro poemas. Foi selecionada a terceira parte.

SONETO

Acusam-me de mágoa e desalento,
como se toda a pena dos meus versos
não fosse carne vossa, homens dispersos,
e a minha dor a tua, pensamento.

Hei-de cantar-vos a beleza um dia,
quando a luz que não nego abrir o escuro
da noite que nos cerca como um muro,
e chegares a teus reinos, alegria.

Entretanto, deixai que me não cale:
até que o muro fenda, a treva estale,
seja a tristeza o vinho da vingança.

A minha voz de morte é a voz da luta:
se quem confia a própria dor perscruta,
maior glória tem em ter esperança.

ASSOMBRAÇÃO [10]

4. SONETO FINAL

É de assombro ou de medo que me veste
     a dor da noite? à porta das aldeias
     olha, lua vermelha, o que me deste:
     lobisomens chorando nas areias.
O remoto bruxedo que engendraste
     desencanta-o meu estro, um mago novo:
     na alquimia do sangue e do resgate
     destilei os vocábulos do povo.
São palavras filtradas como estrelas
     ou candeias a abrir: coroei-me nelas
     Fernão Vasques dos versos e da sorte.
Ó porta do inferno, aqui nos calas:
     possa eu entre sonhos e cabalas
     rasgar-te de poemas ou de morte.

---

10. Outra série de quatro poemas. Foi escolhida a quarta parte.

De *Turismo*[11]

[11] 1ª edição, Novo Cancioneiro, Coimbra, 1942 (com desenhos de Fernando Namora). Essa edição inicial é muito diferente da versão refundida pelo autor que integrará *Trabalho Poético*, 1º volume, edição da Livraria Sá da Costa Editora, Lisboa, 1976. Os poemas aqui transcritos seguem a versão publicada em *Obras* de Carlos de Oliveira, de 1992. A questão da reescrita em Carlos de Oliveira é tratada em vários estudos sobre sua obra. Ver bibliografia ao final.

INFÂNCIA

I

Terra
sem uma gota
de céu.

II

Tão pequenas
a infância, a terra.
Com tão pouco
mistério.

Chamo às estrelas
rosas.

E a terra, a infância,
crescem
no seu jardim
aéreo.

III

Transmutação
do sol em oiro.

Cai em gotas,
das folhas,
a manhã deslumbrada.

IV

Chamo
a cada ramo
de árvore
uma asa.

E as árvores voam.

Mas tornam-se mais fundas
as raízes da casa,
mais densa
a terra sobre a infância.

É o outro lado
da magia.

V

E a nuvem
no céu há tantas horas,
água suspensa
porque eu quis,
desmorona-se e cai.

Caem com ela
as árvores voadoras.

VI

Céu
sem uma gota
de terra.

AMAZÓNIA

I
Selva.
O negro, o índio
e o mais que me souber.
O fogo doutro céu,
o nome doutro dia.
Tudo o que estiver
nos nervos
que me deu.

II
Navegação.
O Amazonas
atira os barcos ao mar.

Defende o seu coração.
Marca as zonas
de navegar.

III
Fruto.
Minha selva
de nervos.
Potros,
potros na selva.

Maré cheia,
árvores em parto,
ondas sobre ondas
dum inferno farto.
Inferno pleno.
Terras verdes
e céu moreno.

Sol loiro.
Estrídulo, de hastes vermelhas.
Toiro.

Plasma.
Nus, torcidos.
Estrelas, que poucas.
Vento de todos os sentidos.
Bocas.

IV
Céu.
Apalpo e oiço
o silêncio. O silêncio
adensou e rangeu.

V

Anjos
entregam-se a anjos
e caem na terra
embebedados.

A terra
freme,
sabor de sol que lhe ficou
do dia calcinado,
treme
minhas orgias doiradas
enquanto as asas dos anjos
caem maculadas.

GÂNDARA[12]

I

Gândara sem uma ruga de vento.
Sol e marasmo.
Silêncio feito de troncos
e de pasmo.

Campos, pinheiros e campos
quietos. Tanto,
o sol parado
encheu-me os olhos de espanto.

---

12. Mais uma série, agora de oito poemas. Foi selecionada a primeira parte.

A escrita poética de Carlos de Oliveira: corpo-fóssil[13]

Ida Alves

> O imperador An Lushan: "Um poeta? Que animal é esse? Para que serve?" O poeta, polindo com a palma da mão um calhau das praias: "Para transformar as palavras em cigarras de granito."
>
> Casimiro de Brito, Resposta breve seguida de uma deriva pelos *Fragmentos de Babel*

Diante das inúmeras dificuldades sociais, econômicas e políticas que vão inevitavelmente surgindo na vida, por vezes com tal frequência e intensidade que acabam por tornar a existência um tormento, a arte, como prática ativa de imaginação, de criação de mundos nos quais vivências humanas diversas se dão a ver, possibilita-nos um meio de compreender ou confrontar o mundo em que vivemos. A arte é, por isso, uma necessidadede para todos e não direito apenas de uma elite, no gozo do supérfluo e do irrelevante. A experiência do imaginário e de sua liberdade criativa em

---

[13]. Este posfácio é um recorte revisado e atualizado de capítulo de minha tese de doutorado, em parte dedicada ao estudo da poesia de Carlos de Oliveira e defendida há vinte anos. *Carlos de Oliveira e Nuno Júdice – poetas: personagens da linguagem*, UFRJ, 2000. Representa assim a memória resistente de um poeta que se tornou para mim, desde os estudos iniciais de pós-graduação, não um circunstancial "objeto de leitura acadêmica", mas um centro de interesse contínuo, uma conversa sem fim sobre literatura, poesia, escrita, leitura, tempo e a frágil condição humana. Relembremos Camões: "No mar, tanta tormenta e tanto dano, / Tantas vezes morte apercebida; / Na terra, tanta guerra, tanto engano, / Tanta necessidade avorrecida! / Onde pode acolher-se um fraco humano, / Onde terá segura a curta vida, / Que não se arme e se indigne o Céu sereno / Contra um bicho da terra tão pequeno?" (Lus, I: 106).

diversos níveis permite a cada um de nós trazer à tona angústias, desejos e medos, e partilhar a vontade de transformação daquilo que impede a vida plena. Ora, se essa capacidade imaginativa é uma potencialidade humana, para alguns, singularmente, ela torna-se um compromisso radical frente ao seu tempo, constituindo uma experiência ímpar a dar sentido à sua presença na realidade cotidiana. Contudo, nesse espaço amplo e variado da criatividade humana, interessa-nos aqui a literatura e sua potência ilimitada de, por meio das palavras, criar ficções que nos envolvem, dando existência virtual a seres, coisas e acontecimentos. O uso da linguagem verbal com essa orientação criadora é "o exercício da sabedoria da linguagem", como explicava uma outro poeta português, Ruy Belo[14], ou a prova de fogo do narrador, conforme refletiu Walter Benjamin.

Com essa perspectiva mais ampla do literário, a narratividade não é um gênero, o rótulo de uma forma literária, mas um processo de construção estética por meio do qual as palavras dão conta de vivências de mundo e dos sujeitos que nele existem. Por isso, a poesia pode ser também compreendida como prática narrativa, micro-narrativas (atualmente ainda mais acentuadas pelo uso constante do poema em prosa e séries), já que os poetas, em seus poemas, contam versões provisórias do viver, elaborando, mesmo fragmentariamente, histórias do sujeito, do mundo e da própria linguagem, o que vem a constituir, na sua criação contínua, uma memória do humano. Efetivamente, o fazer poético nunca foi uma ação isolada, pois, desde a origem, esteve presente na comunidade, para audição e partilha. Sabemos que houve um tempo em que a

---

14. Seus livros de poesia já apresentam edição brasileira, pela editora carioca 7Letras, com coordenação de Manoel Ricardo de Lima, 2013.

poesia exerceu uma função explícita, isto é, manter a memória coletiva, constituindo-se como espécie de ferramenta social, responsável pela guarda de fatos e ações, para assegurar a figuração mítica de um povo, a relação entre gerações e as leis do grupo.

No correr dos séculos, entretanto, a concepção de poesia sofreu transformações apreciáveis, ganhando cada vez maior complexidade, em decorrência das diferentes relações comunitárias. Também outras manifestações expressivas, como a pintura, a dança, a música, que hoje estão dominantemente circunscritas ao espaço artístico, outrora exerciam funções predeterminadas na constituição e fortalecimento de um grupo social. Porém, assim como as pequenas comunidades se modificaram e se tornaram sociedades complexas, também esses sistemas simbólicos se articularam em graus diferentes de especialização com afastamento da praça pública e do coletivo. A linguagem poética, por exemplo, perdendo a utilidade mnemotécnica imediata, ficou à margem do interesse coletivo, perdendo peso social ou histórico. O poeta acabou expulso da cidade ou, permanecendo nela, teve sua palavra desautorizada. Quando essa poesia, canto "original", passou a ser "discurso" e objeto de crítica, já era uma linguagem particular, especializada. A poesia passou a ser considerada palavra de alguns para poucos.

Na Antiguidade, cabia ao poeta guardar a memória coletiva, conhecer a verdade como um iniciado nas coisas divinas. Para a filosofia grega, memória não se relacionava à história, subtraindo-se à experiência temporal. Aristóteles distinguia a *mnemê*, habilidade de conservar o passado, a *mamnesi*, reminiscência, habilidade de evocar voluntariamente o passado, e a memória propriamente dita. A dessacralização da memória significava, portanto, a sua inclusão no tempo e sua utilização pragmática na comunidade, como ocorreu quando se desenvolveu a escrita entre os gregos, criando-se novas técnicas de memória: a memnotecnia.

Na Idade Média, com o renascimento da Retórica, a memória é a sua quinta operação, depois da *inventio*, da *dispositio*, da *actio* e da *memoria mandare*. Porém, é com Santo Agostinho, no domínio da palavra cristã, que a memória torna-se o espaço profundo da interioridade humana, com o incentivo ao exame de consciência, ao recolhimento e à meditação, contrastando-se o mundo interior (a espiritualidade e o diálogo divino) com o mundo exterior (a mundanidade). Já no Iluminismo, há um alargamento no conceito de memória coletiva, com as enciclopédias diversas, os dicionários, os arquivos e os museus. O século seguinte, na ordem do Romantismo, vê a memória em relação aos sentimentos e ao passado, enfatizando-se a ligação entre memória e imaginação, memória, poesia e narração.

Com a modernidade, quando entram em crise princípios ético-morais, valores socio-políticos e paradigmas científicos, fortalece-se também a contestação de valores estabilizados no terreno da arte. No século XIX, "esse século que nunca mais acaba de passar", na expressão de Ana Hatherly (1979, p. 21), os questionamentos estéticos aguçam-se e, ainda na atualidade, merecem discussão o valor da arte, a potência da literatura, a possibilidade de intervenção e transformação que o texto literário pode exercer, a destinação da poesia e a importância do poeta[15]. Assim, da crise iluminista estabeleceu-se um pensamento estético como o Romantismo, o qual, se valorizou o poético como linguagem transcendental, irmã da filosofia, fortaleceu também a linguagem crítica, em busca

---

15. Sobre essas questões, por exemplo, ver *L'inquiétude de l'esprit ou pourquoi la poésie en temps de crise?* (2014).

da compreensão do poético e da ação do poeta em sociedade. Escreveu Novalis: "A poesia transcendental é um misto de filosofia e de poesia. No fundo abarca todas as funções transcendentais e contém, na realidade, o transcendental em geral. O poeta transcendental é o homem transcendental por excelência"[16]. E recordemos também que Shelley responderá à acusação de inutilidade da poesia feita por Thomas Love Peacock[17] em *The four ages of poetry*, com *A defense of poetry*, publicado postumamente em 1840, embora escrito em 1821. Mais adiante, o intenso questionamento sobre a arte que se estabeleceu na virada do século XIX para o XX, em decorrência das mudanças impostas pela estética romântica, fomentou uma outra modernidade consciente da necessidade de ruptura e a crítica tornou-se o outro lado da moeda estética. Nunca antes indagara-se tanto sobre a obra de arte, sobre o artista, sobre a sua linguagem. Não à toa, o romanista Hugo Friedrich, em publicação original de 1956, afirmou que a poesia moderna é o "Romantismo desromantizado" pois continuou, no século XX, esse exercício crítico, consciente da perda da transcendência ou da essencialidade do poético.

Em nossa contemporaneidade, a poesia assume-se como textualidade ficcional, fingimento, construindo a cada momento sua autonomia, sem abdicar da partilha de experiências do tempo e da condição humana. Paul Ricoeur (1994, 1995 e 1997) considera a narrativa guardiã do tempo, essa aporia. Consideremos então que os poetas são guardiães da palavra, para que esta não cesse de

---

[16]. Para ler esse e outros textos fundamentais do Romantismo crítico, Chiampi, I. (1991).

[17]. "Peacok, depois de traçar as origens e evolução da poesia ao longo dos tempo, acaba por concluir que a poesia não tem lugar na sociedade moderna. No seu entender, a poesia é a expressão própria da imaginação de povos primitivos e incultos, mergulhados na irracionalidade, devendo os homens, à medida que a civilização avança, ocupar-se de projetos mais 'úteis'." In Santos, M.I. R.S (1993, p.104).

contar a vida, com suas perplexidades, numa ação fundamental em termos de existência individual e coletiva. De novo, guardar a memória, não como técnica, mas como configuração e refiguração do tempo, experiência mortal que constitui cada ser e o situa em relação ao mundo.

Nesse sentido, é exemplar o ciclo narrativo de Marcel Proust, *À la recherche du tempus perdu* (1913-27), que tece inovadora relação entre memória e escrita literária, sem esquecermos, também, o projeto surrealista e a base freudiana de análise do imaginário. Na contemporaneidade, o percurso da memória envolve-se profundamente com a ciência e a tecnologia, acompanhando o surgimento de máquinas cada vez mais avançadas na produção, circulação e arquivamento de dados, computadores de última geração, inteligência artificial, memória genética etc. Enfim, não se trata de fazer a história da memória, como matéria antropológica, mas que falar da memória é pensar a temporalidade, como os diferentes discursos humanos a configuraram ao longo dos séculos. É falar também e sempre de poesia.

Esse preâmbulo chega ao que importa aqui: a escrita poética de Carlos de Oliveira, cuja matéria fundamental é o tempo, constituindo-se a memória como uma construção da ficção e uma identidade da escrita e do sujeito textual. Esse poeta português, por opção pessoal, sempre ocupou um espaço sócio-literário discreto, evitando participar de quaisquer encontros ou atividades institucionais relacionadas ao jogo do poder das letras. Manteve-se fiel ao seu projeto de vida e de arte, evitando que sua história cotidiana se tornasse mais importante que sua obra. Por isso, raras foram as entrevistas e muito pouco nelas revela o homem do dia a dia que não participava de "tertúlias literárias oficiais" em busca de imagem e presença no cenário público da Literatura Portuguesa. No entanto, para todos que acompanham com cuidado o panorama contemporâneo dessa literatura, esse escritor é incontornável e as implicações de sua escrita no processo literário português cada vez mais motivam a atenção da crítica. De fato, a obra de Oliveira se destaca no conjunto admirável da poesia portuguesa do século XX pelo questionamento sobre o poético que foi desenvolvendo ao longo dos anos no interior de sua própria escrita literária. Sua reflexão se espraia pelas páginas de poesia, romance e "crónicas" (*O aprendiz de feiticeiro*) que nos deixou.

Sua produção poética publicada se constitui de dez livros pouco extensos. Na edição de suas *Obras*, de 1992, com 1200 páginas, que incluem "Bibliografia, Iconografia e Discografia de Carlos de Oliveira", essa produção ocupa cerca de quatrocentas páginas, enquanto a produção narrativa (cinco romances e o já referido livro de "crónicas") ocupam setecentas. Oliveira fez, em vida, duas recolhas de sua poesia, e organizou com José Gomes Ferreira uma antologia de contos tradicionais portugueses. Nas décadas de quarenta e cinquenta do século XX, colaborou como poeta, com certa constância, em jornais, revistas e obras coletivas. Foi responsável também por organizar edições sobre a obra do poeta Afonso Duarte, além de traduzir a peça *Voz humana*, de Jean Cocteau, *Vida terrena*, de Felix Cucurull (colaboração), e um conto de *O livro das mil e uma noites*. A par disso, manteve, na sua intimidade de trabalho, uma produção incansável de esboços literários, de reescrita, de correspondência, de estudos preliminares para projetos literários, que só agora vieram à tona com a doação de seu espólio ao Museu do Neorrealismo, em Vila Franca de Xira, a partir de 2012.

Há em sua escrita poética a complexidade de um exercício arqueológico de imagens a partir da perspectiva de um sujeito lírico que não cessa de narrar suas perplexidades de escrita e de mundo, evidenciando que é um ser no tempo. Precariedade e permanência, transitoriedade e memória, escrita/leitura e representação são, assim, problemas fundamentais em sua poesia. Por ser um escritor que afirmava que "correcções, rasuras, acrescentos, são o meu forte (e o meu fraco)" (1992, p. 446), sua obra de extensão média ganha outra dimensão, se considerarmos o processo contínuo de revisão e reescrita a que submeteu seus textos durante toda a sua vida literária, publicando novas edições modificadas das obras inicialmente lançadas na década de 40 (poesia) e 50 (poesia e narrativa), com transformações linguísticas, estilísticas e imagéticas consideráveis. As coletâneas de suas obras poéticas, como *Poesia*, de 1962, *Trabalho poético* – V. 1 e 2, de 1976, e *Trabalho poético*, edição póstuma de 1982, reapresentam aos seus leitores poemas com mudanças diversas, em alguns casos tão substanciais que alteraram sua configuração original, como no caso de seu primeiro livro de poesia, *Turismo*. Sua obra sofreu assim um trabalho constante de depuramento, desdobrando-se textos até uma versão que o autor considerasse definitiva. O mesmo se processou em relação às narrativas, pois, a cada edição, alterações eram realizadas. Um de seus romances, *Alcatéia* (1944), revisão inacabada, deixou de ser publicado.

Sem dúvida, a ação de reescrita é um complicador na análise da produção de qualquer autor. No caso de Carlos de Oliveira, a questão se adensa, porque sua ação é persistente, rigorosa, o que, por vezes, significa alterar sobremaneira a obra passada, modificando seu status no conjunto maior. Pode-se pensar em duas fases na elaboração de sua escrita lírica. O momento de virada é a publicação de *Cantata*, em 1960, cujos poemas (na primeira edição, a data limite de redação é 1956) vão se direcionar para a criação poética, definindo-se os principais campos metafóricos relacionados à escrita e à memória. A década de 60 será muito significativa, porque em seu início é publicada a primeira recolha dos livros de poesia (1962, sem *Turismo*) e no decorrer dela se processará a reescrita dos livros anteriores: *Turismo* (1942), *Mãe pobre* (1945), *Colheita perdida* (1948), *Descida aos infernos* (1949), *Terra de harmonia* (1950). A segunda recolha é de 1972, com a inclusão do livro de 42. Os livros reunidos e publicados em volume único sob o título *Obras* de Carlos de Oliveira, em 1992, formam, na verdade, um grande texto pós-60. Estão ali textos do passado relidos e reescritos pelo futuro, que já é presente. Há, portanto, uma curiosa subversão temporal.

Destaque-se aqui apenas um livro: *Cantata*, sobre o qual Eduardo Lourenço disse ser "uma espécie de Réquiem". Esse livro realmente se afirma como um lugar limite, um ponto de chegada, um ponto de partida. Reúne 22 poemas, na sua absoluta maioria, curtos. Há dois poemas com dez versos e outros dois com onze; seis poemas com doze versos; cinco poemas com treze e sete sonetos ("alguns deles são mesmo rigorosamente sonetos, os outros são como que pré-sonetos, ou melhor, pós-sonetos: sonetos filtrados de que fica o rasto, o voo preso, o esqueleto, o depósito, depois de decantada a sua estrutura mais tradicional [...]" (Gusmão, 1981, p. 440). Os versos são curtos, com o mínimo de duas sílabas e o máximo de dez. Com exceção de dois sonetos reunidos sob o título "Sonetos do Regresso" (I. Volto contigo à terra da ilusão, II. Acordar, acender), os demais poemas são intitulados por meio de um único termo substantivo, sem qualquer determinante: "Vento", "Bolor", "Lágrima", "Sono", "Soneto", "Hora", "Imagem", "Névoa", "Fóssil", "Vitral", "Infância", "Salmo", "Voo", "Dicionário", "Mar", "Estrela", "Oiro", "Paisagem", "Enigma" e "Chama".

Contenção e concentração rítmica, métrica e metafórica organizam esse livro, cujos poemas fazem o balanço das imagens fundamentais na obra de Carlos de Oliveira e refletem suas principais questões: a importância das palavras ("quem vos ferir / não fere em vão, / palavras"); a transformação dos seres e das coisas no tempo ("A cada hora / o frio / que o sangue leva ao coração / nos gela como o rio / do tempo aos derradeiros glaciares / quando a espuma dos mares / se transformar em pedra. [...]"); a precariedade e brevidade de tudo ("Pobre / sedução da terra / cada árvore destas / é um bosque morto / na esperança / e o fio de água / sob a ponte romana / uma saudade / já perdida / nas margens desses rios / que me esperam / nos astros"); o confronto entre céu e terra ("Aves / desta canção astral [...] levai-nos / do chão onde as cidades / podres nos poluem / ao céu deserto / e puro:/ naves, / ao incerto mar / da eternidade."); o contraste entre as ideias de transitoriedade e permanência – o processo da memória ("Sonhos / enormes como cedros / que é preciso / trazer de longe / aos ombros / para achar /no inverno da memória / este rumor / de lume:/ o teu perfume, / lenha / da melancolia.") e o desejo de transformar a linguagem em via de acesso a outras realidades que no poema se edificam:

> Rudes e breves as palavras pesam
> mais do que as lajes ou a vida, tanto,
> que levantar a torre do meu canto
> é recriar o mundo pedra a pedra;
> mina obscura e insondável, quis

> acender-te o granito das estrelas
> e nestes versos repetir com elas
> o milagre das velhas pederneiras;
> mas as pedras do fogo transformei-as
> nas lousas cegas, áridas, da morte,
> o dicionário queme coube em sorte
> folheei-o ao rumor do sofrimento:
> ó palavras de ferro, ainda sonho
> dar-vos a leve têmpera do vento.
> (1992, p.181)

Fundamental em *Cantata* é a expressão do projeto de memória a garantir a existência, mesmo transformada, para além do tempo. Nos poemas, a primeira pessoa se dilui na linguagem, isto é, poucas vezes o eu pronominal é marcado, prevalecendo um sujeito material ou elemento da natureza ativados por meio da escrita. Assim, "As palavras cintilam", "Os versos que te digam", "A morte passa", "A pedra abriu", "O dia acende o teu olhar". O mundo se apresenta na cena do poema ressignificado em metáforas essenciais que um tu / vós deverá compreender, reencontrando o sujeito criador. Dessa forma, cada poema é uma memória, conjunto de vestígios e marcas da vida, com seus sentimentos, referências ao real e figurações de um imaginário pessoal. O poema "Fóssil" é a mais forte metáfora desse processo de transformação da vida em escrita, do transitório à configuração do permanente:

> A pedra
> abriu
> no flanco sombrio

> o túmulo
> e o céu
> duma estrela do mar
> para poder sonhar
> a espuma
> o vento
> e me lembrar agora
> que na pedra mais breve
> do poema
> a estrela
> serei eu.
> (1992, p.185)

Note-se que, "na pedra mais breve / do poema", "a estrela / serei eu"; portanto, em direção ao futuro, o sujeito escrevente vai se fossilizando na sua escrita, ficando como um vestígio de vida na sua ausência. Em direção ao passado, o sujeito escava-se como sítio arqueológico que deseja expor à luz, reencontrando não o real, para sempre perdido, porque sob o signo da morte, e sim imagens que são os restos, a memória dessa vida fadada à precária existência no presente. É no confronto entre ausência e presença, passado e futuro, passagem e permanência, que *Cantata* define o traço mais forte da escrita de Carlos de Oliveira: a busca arqueológica de imagens vitais para o poeta e a inscrição de seu ser na linguagem, que se torna um corpo a desafiar o domínio do tempo. A fossilização é um processo material que dá ao sujeito morto a possibilidade de outra espécie de vivência, assim como a escrita para o poeta é a sua forma de configurar o tempo como uma espécie de perenidade, porque, mesmo morta a realidade biológica que um dia o poeta foi, o seu pensamento pode permanecer por meio do processo de leitura, de decifração de sinais, que o leitor exerce como condição do jogo literário. Em síntese, *Cantata* nos fala de refigurações do ser e do tempo por meio da palavra poética.

A questão da temporalidade na obra de Carlos de Oliveira, como procuramos demonstrar, é responsável pela produção de alguns caminhos de acesso ao seu interior. Um desses caminhos nos leva ao tema da brevidade e da precariedade com a consequente reação ao transitório e à perda. Assim, define-se em sua escrita o trabalho de registrar, refletir, localizar, cristalizar (são alguns dos verbos utilizados em "Estalactite", de *Micropaisagem*) o movimento do tempo e a mobilidade do real.

A passagem irrevogável do tempo torna normal o movimento de esquecimento, essa outra forma de morte, contribuindo para o silenciamento das histórias, o apagamento das imagens e a perda dos seres. A escrita de Carlos de Oliveira age para deter esse movimento, transformando a passagem em presença, o esquecimento em memória. Já dissemos anteriormente que a escrita tem função mnemônica, ou seja, é uma atividade cuja origem está ligada à necessidade de registrar informações para que atravessem o tempo, superando a finitude da vida humana. É aliás o que pensa o velho deus Thoth ao apresentar a escrita ao monarca Tamuz do Egito, na história que Sócrates conta a Fedro:

> Eis, oh Rei, uma arte que tornará os egípcios mais sábios e os ajudará a fortalecer a memória, pois com a escrita descobri o remédio para a memória. Oh, Thoth, mestre incomparável, uma coisa é inventar uma arte, outra julgar os benefícios ou prejuízos que dela advirão

para os outros! Tu, neste momento e como inventor da escrita, esperas dela, e com entusiasmo, todo o contrário do que ela pode vir a fazer! Ela tornará os homens mais esquecidos, pois que, sabendo escrever, deixarão de exercitar a memória, confiando apenas nas escrituras, e só se lembrarão de um assunto por força de motivos exteriores, por meio de sinais, e não dos assuntos em si mesmos. Por isso, não inventaste um remédio para a memória, mas sim para a rememoração. (Platão, 1986, p.121)

Porém, como se vê, o monarca egípcio diferencia memória e rememoração, relacionando a primeira à sabedoria, a uma experiência interior de vida transmitida de homem a homem, ao dom do narrador. A escrita, interferindo nessa relação de oralidade, substituindo "mecanicamente" a transmissão de histórias, incentivaria o esquecimento. Numa certa perspectiva, realmente a escrita cotidiana, instrumento de comunicação, pode ser considerada como atividade que permite o esquecimento, na medida em que sua presença é a ausência do "assunto em si mesmo". Ora, a literatura, especialmente a poesia, como espaço tensionado da linguagem, confronta essa relação de esquecimento e memória, escrita e sabedoria, por isso não é uma "técnica mnemônica", mas uma via de acesso a outro conhecimento dos sujeitos e das coisas do mundo. Ou seja, há no discurso poético a busca de uma outra experiência de sentido e de guarda da condição humana configurada e refigurada no / pelo tempo. Esse é, por exemplo, o estrato mais fundo de um poema como "Colagem com versos de Desnos, Maiakovski e Rilke".

> Palavras,
> serei apenas mitos
> semelhantes ao mirto
> dos mortos?
> Sim,
> conheço
> a força das palavras,
> menos que nada,
> menos que pétalas pisadas
> num salão de baile,
> e no entanto
> se eu chamasse
> quem dentre os homens me ouviria
> sem palavras?
> (1992, p. 208)

Da mesma forma, quando lemos textos de *O aprendiz de feiticeiro*, constatamos com rapidez que "desdobrar o fio da memória" (1992, p. 531) é o exercício nuclear de Carlos de Oliveira à procura de sua identidade na escrita e na arte. Pode-se até recuperar uma espécie de biografia / cartografia do autor a partir das memórias do(s) sujeito(s) que se vão narrando por toda sua obra, num jogo de espelhos deformantes. O sujeito que vai em busca da infância sem sentimento idealista ou saudosista sabe que não há o retorno, mas há a possibilidade de compreensão daquilo que acabou por tatuá-lo e impor seu modo de estar no mundo.

> Perguntam-me ainda porque falo tanto da infância. Porque havia de ser? A secura, a aridez desta lingua-

gem, fabrico-a e fabrica-se em parte de materiais vindos de longe: saibro, cal, árvores, musgo. E gente, numa grande solidão de areia. A paisagem da infância que não é nenhum paraíso perdido mas a pobreza, a nudez, a carência de quase tudo.

Desses elementos se sustenta bastante toda a escrita de que sou capaz, umas vezes explícitos, muitas outras apenas sugeridos na brevidade dos textos. (1992, p. 588)

A memória do sujeito tem como metáfora a imagem da "floresta" que enreda nos seus muitos caminhos o verde labirinto da Amazônia imaginada, os desertos da Gândara e a terra de lavratura. O encontro do homem com a criança é o reencontro com uma sensibilidade de mundo que se formou na infância, atenta à terra e à presença instável do homem nela. A Gândara é o espaço telúrico maior, dando-lhe os elementos que vão perdurar em sua obra: terra, dunas, cal, pastores e florestas submersas, cercadas de carência e fragilidade. A memória assim se faz de imagens longínquas, vestígios de um passado, ruínas de casa / corpo que a escrita retém no papel. Para preencher os vazios reais provocados pelos movimentos de perda, falta e ausência, o escrever (uma "finisterra") torna-se um processo ordenador e criador da memória ("paisagem e povoamento") como espaço de análise e composição, no qual o sujeito pode enfrentar sua maior interrogação: a morte.

Entretanto, o trabalho com e sobre a memória não fica apenas no nível do sujeito como intimidade revisitada, mas se amplia para outros níveis, relacionando-se com as paisagens diferentes que se estruturam na e por meio da escrita. Isto significa que, além da memória do sujeito, subjetiva e abstrata, há uma memória material, a memória da própria escrita, isto é, não se trata apenas de guardar a memória dos fatos através do escrever, mas demonstrar que a escrita se faz também com outras escritas que foram lidas, vivenciadas, tatuando um sujeito-escritor. No caso de Carlos de Oliveira, essa memória material, sua textualidade, é abordada de duas formas diferentes: a questão da reescrita de seus textos; a questão de leitura dos textos alheios, penetrando em sua escrita. Podemos ainda enfatizar a significação do gesto de reescrita que nos parece revelador da importância da memória textual. O escritor é um personagem da linguagem e isso significa que sua existência está condicionada à sua escrita; logo, todo texto produzido faz parte da identidade do escritor e não pode ser simplesmente rasurado ou apagado, ainda que excluído da publicação da obra total. Voltar ao texto e transformá-lo é confrontar tempos de produção, histórias da existência. Trata-se, portanto, de uma memória tensionada. Cada texto reescrito é um passado presentificado, um tempo subvertido, um testemunho de transformação no homem e na obra. Veja-se, como exemplo, o que ocorreu com o poema "Oiro" publicado em *Cantata* (1960), em que se lê:

> O dia acende
> o teu olhar
> e não te deixa
> adormecer
> sem que essa luz
> seja cravada
> pelo punhal do sol
> na eternidade,
> coisa breve
> doirada
> como a vida.

Na edição de 1976, os três últimos versos são transformados e passamos a ler: halo breve / e doirado / como o poema. Pois bem, da "coisa" ao "halo"; da "vida" ao "poema", temos a expressão de uma mudança capital na obra do escritor: a poesia não é a vida, não a reproduz, mas é ela que constitui a memória da vibração da vida. O poema é, assim, o lugar final onde o sujeito encontra seu sentido.

No caso da convocação de textos alheios marcando sua escrita, não temos uma subversão do tempo, e sim um modo de entrecruzar diferentes tempos, isto é, o tempo literário é o da sincronia. No presente do texto que se constrói, cruzam-se outros tempos textuais, outras vozes que se sincronizam com a do escritor. Em muitos momentos de suas reflexões, Carlos de Oliveira afirma que a escrita se faz de leituras e que todo escritor é um leitor atento. A atividade de leitura recolhe, lembra, guarda e reconstrói. É a consciência de uma experiência comum, uma partilha solidária e necessária à existência do escritor. Mais uma vez, *O aprendiz de feiticeiro* é chamado aqui como o depositário dessa visão estética, pois a constituição dessa obra é, por ela própria, uma prova dessa partilha, um ato de escrita indissociável do ato de leitura. Citamos: "Ler os autores estrangeiros parece-me evidentemente necessário, indispensável. [...] As experiências alheias são experiências minhas e sem elas (La Palice) viveria mais pobre." (1992 p.468)

> Em todo o caso temos consciência, mais ou menos, que a poesia de cada um se faz também com a poesia dos outros no permanente confronto da criação. Para descobrir o que há de pessoal em nós, para nos distan-

ciarmos, já se vê. Mas não se foge completamente a certos contextos literários, a certa parentela. Entramos sempre com maior ou menor conhecimento do facto numa linhagem que nos convém e é dentro dela que trabalhamos pelas nossas pequenas descobertas, mesmo os que se pretendem duma total originalidade. Não há revoluções literárias que rompam cerce com o passado. Olhem para elas, procurem bem, e lá encontrarão as fontes, as referências, próximas ou distantes. Claro, os escritores que contam são aqueles que acrescentam ou opõem alguma coisa ao que já existe, ou o exprimem de maneira diferente, mas cortes totais, rupturas, não se dão. (1992, p. 588)

Em todos os outros livros a partilha do que se lê ocorre, não só com textos alheios como também evocando outros textos seus. Estará presente, por exemplo, em *Sobre o lado esquerdo*, e ainda em *Pastoral*, seu último livro de poesia, com resíduos camonianos. Está em *O aprendiz de feiticeiro*, em *Finisterra*. Sempre a memória-escrita indissociável da memória-leitura.

Essa propensão para utilizar textos alheios, ou textos passados, evidencia também o interesse que o poeta tem de buscar estratos, raízes, vestígios, marcas da própria linguagem, pesquisando os processos de composição e decomposição da matéria mineral que é a escrita, e que a existência agora de um grande espólio textual (correspondência, anotações de leituras, anotações críticas próprias e alheias, esboços literários, estudos, levantamentos lexicais)[18], deixa perceber de forma concreta. Sua poesia, então, passa a ser um palimpsesto que impõe ao leitor a percepção das sombras caligráficas por trás da escrita última. O trabalho de recuperação da escrita é assim uma forma não só de enfrentamento da precariedade da vida e da palavra no tempo, mas igualmente o reconhecimento e o reposicionamento de uma tradição literária e cultural com a qual o escritor dialogou até o fim.

Referências bibliográficas

BONNEVILLE-HUMANN, Béatrice; HUMAN, Yves (Dir.). *L'inquiétude de l'esprit ou pourquoi la poésie en temps de crise?*. Nantes: Editions nouvelles Cécile Defaut, 2014.

CHIAMPI, Irlemar (coord.). *Fundadores da modernidade*. São Paulo: Ática 1991.

FRIEDRICH, Hugo. *Estrutura da lírica moderna*. São Paulo: Duas Cidades 1978.

GUSMÃO, Manuel. *A poesia de Carlos de Oliveira*. Lisboa: Seara Nova-Comunicação, 1981.

HATHERLY, Ana. *O espaço crítico – do simbolismo à vanguarda*. Lisboa: Caminho, 1979.

OLIVEIRA, Carlos de. *Obras*. Lisboa, Caminho, 1992. Vol. único.

PLATÃO. *Fedro ou da beleza*. Lisboa, Guimarães, 1986

RICOEUR, Paul. *Tempo e narrativa*. Campinas, São Paulo, Papirus, 1994, 1995 e 1997. 3 vols.

SANTOS, Maria Irene Ramalho de Sousa. A poesia e o sistema mundial. In: SANTOS, Boaventura de Sousa (org.). *Portugal: um retrato singular*. Porto: Afrontamento, 1993.

---

18. O espólio de Carlos de Oliveira encontra-se catalogado no Museu do Neorrealismo, em Vila Franca de Xira, Portugal. A doação por sua família, após o falecimento de Angela de Oliveira, sua esposa, ocorreu em 2012.

Seleção prévia dos poemas pela organizadora e pelos colaboradores

IDA ALVES

"Infância" (IV) (*Turismo*)

"Amazónia" (*Turismo*)

"Gândara" (I) (*Turismo*)

"A noite inquieta" (*Colheita perdida*)

"Árvores" (*Terra de harmonia*)

"O círculo" (*Terra de harmonia*)

"Vento" (*Cantata*)

"Soneto" (*Cantata*)

"Fóssil" (*Cantata*)

"Oiro" (*Cantata*)

"Look back in anger" (*Sobre o lado esquerdo*)

"Instante" (*Sobre o lado esquerdo*)

"Colagem com versos de Desnos, Maiakovski e Rilke" (*Sobre o lado esquerdo*)

"Papel" (*Sobre o lado esquerdo*)

"Dunas" (*Sobre o lado esquerdo*)

"Estalactite" (III e IV) (*Micropaisagem*)

"Sub specie mortis" (I) (*Entre duas memórias*)

"Fotomontagem" (*Entre duas memórias*)

"Registo" (*Pastoral*)

"Leitura" (*Pastoral*)

Leonardo Gandolfi

"Infância" (*Turismo*)
"Soneto" (*Mãe pobre*)
"Insónia" (*Terra de harmonia*)
"O fundo das águas" (*Terra de harmonia*)
"Vento" (*Cantata*)
"Bolor" (*Cantata*)
"Soneto" (*Cantata*)
"Look back in anger" (*Sobre o lado esquerdo*)
"Instante" (*Sobre o lado esquerdo*)
"Lavoisier" (*Sobre o lado esquerdo*)
"Sobre o lado esquerdo" (*Sobre o lado esquerdo*)
"O inquilino" (*O aprendiz de feiticeiro*)
"Estalactite" (*Micropaisagem*)
"Debaixo do vulcão" (*Micropaisagem*)
"Descrição da guerra em Guernica" (*Entre duas memórias*)
"Salto em altura" (*Entre duas memórias*)
"Dança" (*Entre duas memórias*)
"Chave" (*Pastoral*)
"Dentes" (*Pastoral*)
"Musgo" (*Pastoral*)

LUIS MAFFEI

"Coração 1" (*Mãe pobre*)
"Odes 3" (*Mãe pobre*)
"Assombração 4 – soneto final" (*Mãe pobre*)

"Rumor de água" (*Colheita perdida*)

"Carta da infância" (*Terra de harmonia*)

"A ilha" (*Terra de harmonia*)

"Quando a harmonia chega" (*Terra de harmonia*)

"Bolor" (*Cantata*)

"Soneto" (*Cantata*)

"Infância" (*Cantata*)

"Carlos Drummond de Andrade" (*Sobre o lado esquerdo*)

"Lavoisier" (*Sobre o lado esquerdo*)

"Estalactite" (III e XIV) (*Micropaisagem*)

"Debaixo do vulcão" (I) (*Micropaisagem*)

"Fogo" (III) (*Micropaisagem*)

"Mapa" (I) (*Micropaisagem*)

"Qualquer palavra" (*Pastoral*)

"Camponeses" (*Pastoral*)

"Leitura" (*Pastoral*)

OSVALDO SILVESTRE

"Soneto" (*Mãe pobre*)

"Sesta" (*Colheita perdida*)

"Tempo" (*Colheita perdida*)

"Retrato do autor por Pessanha" (*Terra de harmonia*)

"Elegia da ereira" (*Terra de harmonia*)

"Visão do José Gomes Ferreira" (*Terra de harmonia*)

"Soneto" (*Cantata*)

"Névoa" (*Cantata*)

"Estrelas" (*Sobre o lado esquerdo*)

"Posto de gasolina" (*Sobre o lado esquerdo*)

"Cinema" (*Sobre o lado esquerdo*)

"Soneto fiel" (*Sobre o lado esquerdo*)

"Debaixo do vulcão" (*Micropaisagem*)

"Espaço" (*Micropaisagem*)

"Descrição da guerra em Guernica" (*Entre duas memórias*)

"Salto em altura" (*Entre duas memórias*)

"Dança" (*Entre duas memórias*)

"Leitura" (*Pastoral*)

"Montanha" (*Pastoral*)

"Musgo" (*Pastoral*)

ROSA MARIA MARTELO

"Infância" (*Turismo*)

"A noite inquieta" (*Colheita perdida*)

"Pesadelo" (*Colheita perdida*)

"O círculo" (*Terra de harmonia*)

"Vento" (*Cantata*)

"Soneto" (*Cantata*)

"Sonetos do regresso" (1 e 2) (*Cantata*)

"Look back in anger" (*Sobre o lado esquerdo*)

"Posto de gasolina" (*Sobre o lado esquerdo*)

"Carlos Drummond de Andrade" (*Sobre o lado esquerdo*)

"Desenho infantil" (*Sobre o lado esquerdo*)

"Cinema" (*Sobre o lado esquerdo*)

"Sobre o lado esquerdo" (*Sobre o lado esquerdo*)

"Árvore" (*Micropaisagem*)

"Debaixo do vulcão" (*Micropaisagem*)

"Descrição da guerra em Guernica" (*Entre duas memórias*)

"Salto em altura" (*Entre duas memórias*)

"Dança" (*Entre duas memórias*)

"Camponeses" (*Pastoral*)

"Musgo" (*Pastoral*)

OBRAS DE CARLOS DE OLIVEIRA

Turismo. Coimbra: Novo Cancioneiro, 1942.

Mãe pobre. Coimbra: Coimbra Editora, 1945.

Colheita perdida. Coimbra: Colecção O Galo, 1948.

Descida aos infernos. Porto: Cadernos das Nove Musas, separata de "Portucale", 2ª série, vol. IV, 1949.

Terra de harmonia. Lisboa: Centro Bibliográfico, 1950. (Inclui uma nova versão de "Descida aos infernos".)

Cantata. Lisboa: Iniciativas Editoriais, 1960.

Poesias. Lisboa: Portugália Editora, 1962. (Inclui a obra anterior à excepção de *Turismo* e acrescenta o poema "Post scriptum" a *Terra de harmonia*.)

Sobre o lado esquerdo. Lisboa: Iniciativas Editoriais, 1968; 2ª edição, Publicações Dom Quixote, Lisboa, 1969.

Micropaisagem. Lisboa: Dom Quixote, 1968; 2ª edição, ibidem, 1969; 3ª edição, ibidem, 1969.

Entre duas memórias. Lisboa: Dom Quixote, 1971.

Trabalho poético, 2 vol. Lisboa: Livraria Sá da Costa Editora, s.d [1976]. (Inclui *Turismo*, *Mãe pobre*, *Colheita perdida*, "Descida aos infernos", *Terra de harmonia*, "Ave solar" e *Cantata*, no volume 1. No volume 2, inclui *Sobre o lado esquerdo*, *Micropaisagem*, *Entre duas memórias* e *Pastoral*. As obras que já haviam sido publicadas apresentam aqui variantes.)

Pastoral, Lisboa: Livraria Sá da Costa Editora, 1977.

Trabalho poético. Lisboa: Livraria Sá da Costa Editora, 1982. (Reunião dos dois volumes anteriores.)

Obras de Carlos de Oliveira. Lisboa: Caminho, 1992. Vol. único. (Inclui *Trabalho poético*: uma nova versão de *Turismo*, o poema "Ave solar", antes designado "Post scriptum", *Mãe pobre*, *Colheita perdida*, *Descida aos infernos*, *Terra de harmonia*, *Cantata*, *Sobre o lado esquerdo*, *Micropaisagem*, *Entre duas memórias* e a coletânea inédita *Pastoral*. Inclui em prosa: *O Aprendiz de feiticeiro*, *Casa na duna*, *Pequenos burgueses*, *Uma abelha na chuva* e *Finisterra. Paisagem e povoamento*). [Contém bibliografia, iconografia e discografia do autor].

SOBRE A POESIA DE CARLOS DE OLIVEIRA[19]

ABDALA JUNIOR, Benjamin. Uma caligrafia. *Jornal de Letras*, Artes e Ideias. Lisboa, 2 jul. 1991. p.19.

ALVES, Ida Maria S. Ferreira. *As paisagens poéticas de Carlos de Oliveira*. [Dissertação de Mestrado.] Niterói: Universidade Federal Fluminense, 1990.

ALVES, Ida Maria S. Ferreira. As imagens da terra na poesia de Carlos de Oliveira. *Boletim do Centro de Estudos Portugueses*, Faculdade de Letras da UFMG, v.18, 1999. p.121-132.

ALVES, Ida Maria S. Ferreira. *Carlos de Oliveira e Nuno Júdice: personagens da linguagem*. [Tese de Doutorado.] Rio de Janeiro: Universidade Federal do Rio de Janeiro, 2000.

ALVES, Ida Maria S. Ferreira. Cultivar o Deserto – Encontro entre Carlos de Oliveira e João Cabral de Melo Neto. *Convergência Lusíada*. Rio de Janeiro: Real Gabinete Português de Leitura, 2001. p.174-182.

ALVES, Ida Maria S. Ferreira. As paisagens poéticas de Carlos de Oliveira In: *Literaturas de abril e outros estudos*. 1ª ed. Niterói: EdUFF, 2002. p. 175-194.

---

19. Esta seleção de artigos e outras obras não pretende ser exaustiva. Ver o site Escritor Carlos de Oliveira para complementação das referências e outras informações. https://escritorcarlosdeoliveira.com.br/

ALVES, Ida. Pastoral e Finisterra, de Carlos de Oliveira: linguagem e paisagem moventes. In: *A escrita da finitude de Orfeu e de Perséfone*. Belo Horizonte: Veredas e Cenários, 2009. p. 61-76.

ALVES, Ida (org.). *Coisas desencadeadas: estudos sobre a obra de Carlos de Oliveira*. Rio de Janeiro: Oficina Raquel, 2013.

ALVES, Ida. Carlos de Oliveira – escrever pela noite dentro. *Metamorfoses. Revista da cátedra jorge de sena da faculdade de letras da UFRJ*, v.16, p.137 - 147, 2020.

ALVES, Ida. O aprendiz de feiticeiro: a máquina nos meus olhos / The sorcerer's aprentice: the machine in my eyes. *Pessoa: revista de ideias / a magazine with ideas*. Lisboa: Casa Fernando Pessoa, 2011. p.134-146.

ANDRADE, Eugénio de. Na morte prematura do poeta. *Jornal de letras, artes e ideias*. Lisboa, 7-20jul. 1981. p.16.

BAPTISTA-BASTOS. Carlos de Oliveira: o cotidiano como enigma. *Jornal de letras, artes e ideias*. Lisboa, 2 jul. 1991. p.18.

BARROS, Chimena Meloni Silva de. *Neo-realismo e poesia: do ideológico ao estético*. Universidade Estadual Paulista Júlio de Mesquita Filho (Unesp) / Araraquara, 2010.

BRANDÃO, Fiama Hasse Pais. Nexos sobre a obra de Carlos de Oliveira, I e II. *Colóquio/Letras*.Lisboa: Fundação Calouste Gulbenkian, 26 e 29, jul. 1975 e jan. 1976.

BRANDÃO, Fiama Hasse Pais. Para além da obra devo-lhe a ficção viva. *Jornal de letras, artes e ideias*. Lisboa, 7-20 jul. 1981. p.10.

BRANDÃO, Fiama Hasse Pais. Carlos de Oliveira – rigor solar [texto não assinado]. *Jornal de letras, artes e ideias*. Lisboa, 2 jul. 1991. p.16.

BRANDÃO, Fiama Hasse Pais. Olhar a estante. *Jornal de letras, artes e ideias*. Lisboa, 2 jul. 1991. p.19.

CALADO, Maria Chaby. O neo-realismo e a vivência pessoal. (A última entrevista com Carlos de Oliveira, feita no dia 29.06.1981 e ainda inédita). *O Diário*. Lisboa, 01 nov. 1981. Suplemento cultural, p.8-9.

COELHO, Cláudia. *Memória e metapoesia em João Cabral de Melo Neto e Carlos de Oliveira*. [Tese de doutorado.] São Paulo: USP, 2011.

COELHO, Eduardo Prado. Carlos de Oliveira – trabalho poético. *Colóquio/Letras*. Lisboa: Fundação Calouste Gulbenkian, 37, maio 1977. p. 78-79.

COELHO, Eduardo Prado. Carlos de Oliveira ou a génese difícil da harmonia. In: COELHO, Eduardo Prado. *A palavra sobre a palavra*. Porto: Portucalense, 1972. p. 105-131.

COELHO, Eduardo Prado. Carlos de Oliveira, a atracção vocabular. In: COELHO, Eduardo Prado. *A palavra sobre a palavra*. Porto: Portucalense, 1972a. p. 133-158.

COELHO, Eduardo Prado. Itinerário poético de Carlos de Oliveira. In: COELHO, Eduardo Prado. *A letra litoral*. Lisboa: Moraes, 1979. p. 155-179.

COELHO, Eduardo Prado. Em torno de um poema de Carlos de Oliveira. In: COELHO, Eduardo Prado. *A letra litoral*. Lisboa: Moraes, 1979. p.180-186.

CRUZ, Gastão. O peso das palavras na poesia de Carlos de Oliveira In: CRUZ, Gastão. *A poesia portuguesa hoje*. 2ª ed. corr. e aum. Lisboa: Relógio d'Água, 1999. p. 45-48.

CRUZ, Gastão. Esquecimento e memória na poesia de Carlos de Oliveira. In: CRUZ, Gastão. *A poesia portuguesa hoje*. 2ª ed. corr. e aum. Lisboa: Relógio d'Água, 1999. p. 49-54.

CRUZ, Gastão. Finisterra ou a geometria do real. In: CRUZ, Gastão. *A poesia portuguesa hoje*. 2ª ed. corr. e aum. Lisboa: Relógio d'Água, 1999. p.55-59.

CRUZ, Gastão. Que lhe diremos, mestre. In: CRUZ, Gastão. *A poesia portuguesa hoje*. 2ª ed. corr. e aum. Lisboa: Relógio d'Água, 1999. p. 60-62. [Publicado anteriormente em Jornal de Letras. Lisboa, 7-20 jul. 1981. p.17.]

CRUZ, Gastão. Carlos de Oliveira: uma poética da brevidade no contexto do neo-realismo. In: CRUZ, Gastão. *A poesia portuguesa hoje*. 2ª ed. corr. e aum. Lisboa: Relógio d'Água, 1999.p.63-69. [Publicado anteriormente em A phala – um século de poesia (1888-1988). Ed. especial. Lisboa: Assírio & Alvim, Lisboa, 1988. p. 83-86.]

CRUZ, Gastão. Carlos de Oliveira: A linguagem dos artesãos. In: CRUZ, Gastão. *A poesia portuguesa hoje*. 2ª ed. corr. e aum. Lisboa: Relógio d'Água, 1999. p.70-72. [Publicado anteriormente em *Jornal de letras, artes e ideias*. Lisboa, 2 jul. 1991. p. 16.]

CUCURULL, Félix. Na morte de um grande escritor. *Vértice*. 2ª série. Lisboa, 450/451, set./out. e nov./dez., 1982. p. 572-574.

DIOGO, Américo António Lindeza. *Aventuras da mimese na poesia de Carlos de Oliveira e na poesia de António Franco Alexandre*. Pontevedra/Braga: Irmandades da Fala de Galiza e Portugal, 1995.

DIONÍSIO, Mário. Contextos esquecidos. *Jornal de letras, artes e ideias*. Lisboa, 7-20 jul. 1981. p.16.

ERTHAL, Aline Duque. *Deserto excessivo: convivência de múltiplos em António Ramos Rosa, Carlos de Oliveira e Luís Miguel Nava*. [Tese de doutorado.] Niterói: Universidade Federal Fluminense, 2017.

GANDOLFI, Leonardo. *Mundo comum e povoamento da paisagem*. [Dissertação de mestrado] Niterói: Universidade Federal Fluminense, 2007.

GANDOLFI, Leonardo. O "coração" de Carlos de Oliveira e a metade da vida. *Convergência Lusíada*, v. 35, 2016. p. 14-23.

GANDOLFI, Leonardo. Da repetição à rasura: Joaquim Manuel Magalhães com Carlos de Oliveira. *Revista do Centro de Estudos Portugueses*, v. 34, 2014. p. 47-64.

GANDOLFI, Leonardo. *Entre Carlos de Oliveira e João Cabral de Melo Neto – Errar a paisagem*. [Tese de doutorado.] Niterói: Universidade Federal Fluminense, 2012.

GANDOLFI, Leonardo. Sobre alguns versos de Carlos de Oliveira. *Zunái: Revista de Poesia & Debates*, v. 6, 2005.

GOULART, Rosa Maria. *Artes poéticas*. Braga: Angelus Novus, 1997.

GUIMARÃES, Fernando. Florir, parente de floresta. *Letras & letras* [jornal]. Porto, 18 dez. 1991. p.8

GUSMÃO, Manuel. Carlos de Oliveira: trabalho poético – paisagem e povoamento. In: *Carlos de Oliveira. 50 anos na literatura portuguesa (1942-1992)*. Lisboa: Câmara Municipal de Lisboa, Museu do Neo-

Realismo – Município de Vila Franca de Xira, AMASCULTURA, 1992. [Sem paginação.]

GUSMÃO, Manuel. [apresentação crítica, selecção, notas e sugestões de leitura]. *A poesia de Carlos de Oliveira*. Lisboa: Seara Nova-Comunicação, 1981.

GUSMÃO, Manuel. *Textualização, polifonia e historicidade*. Vértice (II série), n. 6. Lisboa, set.1988. p. 47-51.

GUSMÃO, Manuel. Em memória de Carlos de Oliveira. *Tabacaria*, n. 0. Lisboa: Casa de Fernando Pessoa, fev.1996. p. 36-37.

HORTA, Maria Teresa. Carlos de Oliveira: o escritor e a sua criação. *A capital*. [Suplemento "Literatura e Arte".] Lisboa, 26 mar. 1969.

JÚDICE, Nuno. Sedimentos iniciáticos de Um trabalho poético. In: *O processo poético*. Lisboa: IN-CM, 1992.

LANCIANI, Giulia. Aporias da escrita. *Letras & letras*. Porto, 18 dez.1991. p.10-11.

LANCIANI, Giulia. Variantes e reescrita em Carlos de Oliveira. Notas à margem de *Turismo*. In: *Vértice*, 1982. p.450-451.

LEPECKI, Maria Lúcia. Sobre Carlos de Oliveira, entre narrativa e poesia. *Diário popular*. Lisboa, 30 nov. 1978.

LEPECKI, Maria Lúcia. Sobre Carlos de Oliveira (conclusão), as tensões dramáticas. *Diário popular*. Lisboa, 7 dez. 1978a.

LOPES, Silvina Rodrigues. *Carlos de Oliveira: o testemunho inadiável*. Sintra: Câmara Municipal, 1996.

LOURENÇO, Eduardo. Carlos de Oliveira e o trágico neo-realista. In: LOURENÇO, Eduardo. *Sentido e forma da poesia neo-realista*. Lisboa: Ulisseia, 1968. p. 173-249.

MAFFEI, Luis. Versos plebeus, pobreza experiente. In. ALVES, Ida. *Coisas desencadeadas – estudos sobre a obra de Carlos de Oliveira*. Rio de Janeiro: Oficina Raquel, 2013. p. 96-112.

MAGALHÃES, Joaquim Manuel. Duas *Cantata* de Carlos de Oliveira. In: MAGALHÃES, Joaquim Manuel. *Os dois crepúsculos – sobre poesia portuguesa actual e outras crónicas*. Lisboa/Porto: A Regra do Jogo, 1981. p.63-75.

MARINHO, Maria de Fátima. A construção/desconstrução do discurso na poesia de Carlos de Oliveira. In: MARINHO, Maria de Fátima. *A poesia portuguesa nos meados do século XX – rupturas e continuidades*. Lisboa: Caminho. p.167-175.

MARTELO, Rosa Maria. *Carlos de Oliveira e a referência em poesia*. Porto: Campos das Letras, 1998.

MARTELO, Rosa Maria. Em homenagem a Drummond. In MARTELO, Rosa Maria. *A forma informe – leituras de poesia*. Lisboa: Assírio & Alvim, 2010.

MARTELO, Rosa Maria."«Árvore», de Carlos de Oliveira", in Osvaldo Manuel Silvestre e Pedro Serra (org.), *Século de Oiro*. Antologia Crítica da Poesia Portuguesa do Século XX, Coimbra e Lisboa, Angelus Novus e Cotovia, 2002, pp. 7-11. Incluído com alterações em, Rosa Maria Martelo, *Em Parte Incerta*, 2004, pp. 74-79.

MARTELO, Rosa Maria. As paisagens imponderáveis de Carlos de Oliveira (abstracção e figurativismo) / The imponderable lanscapes of Carlos de Oliveira (abstraction and figurativism)" (tradução de Rita Ribeiro), Pessoa, *Revista de Ideias – A Magazine with Ideas*, no 4, Setembro de 2011, pp. 112-125.

MATOS, Nelson de. Micropaisagem, um espaço de rigor e harmonia. In: MATOS, Nelson de. *A leitura e a crítica*. Lisboa: Estampa, 1971. p.107-154.

MENEZES, Salvato Teles. Carlos de Oliveira: uma poética do realismo. *O diário* [suplemento cultural]. Lisboa, 24 abr. 1983. p.6-7.

MORÃO, Paula. Carlos de Oliveira: a matéria da poesia. In: BASÍLIO, Kelly e GUSMÃO, Manuel (org.). *Poesia & ciência*. Lisboa: Cosmos e G.U.E.L.F – Groupe Universitaire d'Études de Littérature Française, 1994. p.137-147.

NUNES, Natália. *A ressurreição das florestas*. Lisboa: Imprensa Nacional – Casa da Moeda, 1997.

OROFINO, Orlando. *Trabalho poético de Carlos de Oliveira*. [Dissertação de Mestrado.] Rio de Janeiro: Pontifícia Univ. Católica do Rio de Janeiro, 1980.

PARRADO, Luís Filipe Praxedes. *Por uma voz própria: a questão intertextual em Terra de Harmonia de Carlos de Oliveira.* [Dissertação de Mestrado.] Lisboa: Universidade de Lisboa, 1996.

PEREIRA, José Paulo. *Da descrição à memória: uma cartografia transtornada.* [Dissertação de Mestrado.] Lisboa: Universidade de Lisboa, 1995.

PEREIRA, Patrícia Resende. *Cada poema já sonha outra forma: poesia e poética cinematográfica em Carlos de Oliveira e Manuel Gusmão.* [Tese de Doutorado.] Belo Horizonte: UFMG, 2018.

PIRES, José Cardoso. Sobre o lado esquerdo. *Jornal de letras, artes e ideias.* Lisboa, 7 a 20 jul.1981. p.17.

REIS, Carlos. Representação lírica e pragmática ideológica. In: REIS, Carlos. *O discurso ideológico do neo-realismo português.* Coimbra: Almedina, 1983. p. 414- 447.

REVISTA RELÂMPAGO. Carlos de Oliveira. n.11. Lisboa: Fundação Luis Miguel Nava, out. 2002.

RODRIGUES, Urbano Tavares. O desejo da perfeição. *Jornal de Letras, artes e ideias.* Lisboa, 28jul. 1992. p.16-17.

ROSA, António Ramos. Entre duas memórias. *Colóquio/Letras.* Lisboa: Fundação Calouste Gulbenkian, 7, maio 1972. p. 80-82.

RUBIM, Gustavo. A poesia como trabalho – Carlos de Oliveira e a experiência da rarefacção". *Vértice, II* série, nº 38, maio 1991. p. 45-53.

SILVESTRE, Osvaldo Manuel. *Slow motion: Carlos de Oliveira e a pós-modernidade.* Braga: Angelus Novus, 1995.

SILVESTRE, Osvaldo Manuel. (sel., quadros cronológicos, introd., bibliogr. e notas). *Trabalho poético (antologia) de Carlos de Oliveira.* Braga-Coimbra: Angelus Novus, 1996.

SILVESTRE, Osvaldo (Curadoria). *Catálogo da exposição Carlos de Oliveira: a parte submersa do iceberg.* Vila Franca de Xira: Museu do Neo-realismo, 2017

SILVESTRE, Osvaldo. "A poesia póstuma de Carlos de Oliveira. A questão do arquivo, os três poemas já editados e um inédito" / Osvaldo Manuel Silvestre. In: *Revista Colóquio/Letras.* Ensaio, n.º 195, maio 2017, p. 9-33.

SOARES, Francisco. Ritos de passagem – situação de uma poesia. *Letras & letras*, 18 dez. 1991. p. 6.

SOUZA, João Rui de. Minuciosa, áspera memória. [Resenha sobre Entre duas memórias, de Carlos de Oliveira.] *Crítica*. Lisboa, jan. 1972. p.5-6.

TEIXEIRA, Paulo. Transparência e harmonia. *Jornal de letras, artes e ideias*. Lisboa, 2 jul. 1992. p.18.

TORRES, Alexandre Pinheiro. Em memória (fiel) de Carlos de Oliveira. *Jornal de letras, artes e ideias*. Lisboa, jul. 1981. p.13.

TORRES, Alexandre Pinheiro. Um universo estético. *Jornal de letras, artes e ideias*. Lisboa, 2 jul. de 1991. p. 17.

VAL, Terezinha de Jesus da Costa. *O lugar poético da escrita de Carlos de Oliveira*. [Tese de doutorado.] Rio de Janeiro: Universidade Federal do Rio de Janeiro, 1994.

VÉRTICE. Lisboa, 450/1, set./out., nov./dez. 1982. [Número duplo dedicado a Carlos de Oliveira, com diversos estudos sobre sua obra.]

AGRADECIMENTO AO FOTÓGRAFO RENATO ROQUE

A foto da capa é de autoria de Renato Roque, fotógrafo do Porto, Portugal, que publicou em 2017 *Escrito com Cal e com Luz* (ed. de autor), um sensível roteiro / ensaio fotográfico sobre Carlos de Oliveira e as paisagens tão presentes em sua poesia e narrativas.

O fotógrafo declara em seu site https://www.renatoroque.com/ que "nos anos 80 descobriu que era possível contar histórias com a fotografia". Desde então, sua produção de imagens se fortaleceu com projetos específicos que demonstram um olhar original sobre as coisas do mundo, aliando técnica, arte e beleza no registro da luz e da cor para apreensão das matérias da natureza ou humanas.

A fotografia motivou também o seu trabalho de escrita e desde 1992 vem publicando o que intitula "livros de escritas", além de artigos diversos. Desenvolve ainda muitos projetos culturais e mantém em seu site a memória de sua produção, partilhando com o visitante suas experiências do olhar.

Sobre *Escrito com Cal e com Luz*, convidamos o leitor a ler o artigo de Isabel Cristina Mateus, publicado na revista *Caliban*, em 13/11/2017. Acesso em https://revistacaliban.net/escrito-com-cal-e-com-luz-ensaio-fotogr%C3%A1fico-sobre-a-po%C3%A9tica-de-carlos-de-oliveira-85e5b2e38f5c

Nosso agradecimento especial pela contribuição fotográfica a esta primeira antologia brasileira da poesia de **Carlos de Oliveira**.

Que este livro dure até antes do fim do mundo.

oficina
r a q u e l

Impresso em agosto de 2021.